給中學生的口語表達術

文——游嘉惠　漫畫——咖哩東

協力指導——卡內基訓練

給中學生的口語表達術

目錄

企劃緣起

從十三歲開始，培養面向未來的關鍵能力！

文／親子天下董事長兼執行長　何琦瑜

寫給讀這本書的少年們：

打開這本書的你，可能每天被考不完的試、寫不完的功課，或總是背了又忘、忘了又要背的課本，霸占了多數的青春時光。也或許你看穿一切，根本已經放棄；或是你正在學校裡打混，想辦法在老師和父母所給的壓力夾縫中求生存。不論如何，偶爾在你發呆、打手遊、看Youtube的餘暇中，或是埋首功課煩悶的夜晚，一定曾經想過：這一切，所為何來啊？白話翻譯就是，我現在花這麼多時間做的事情、學的這些東西，到底以後，是可以幹嘛的呢？

如果你腦海裡曾經閃過這個「大哉問」，恭喜你，這代表你開始對自己的未來有所想像和期許！如果你試圖主動思考、想要安排規劃「你的人生」

（而不是你爸爸媽媽交代而勉強去做的喔），那麼這個系列「從十二歲開始」，就是為你準備的。

學校沒有教，卻更重要的事

你對自己的未來有什麼夢想和期許？想當畫家或歌手？銀行家或老師？或是你根本沒想那麼遠，只想變瘦一點讓自己更有自信，或是想要多交朋友讓自己更快樂；也許你希望英文變好一點可以環遊世界，或是可以更有效率的通過考試念到好高中或大學……，不論那個「未來」是遠是近，是什麼樣的圖像，只要你想要「改變」什麼，「完成」什麼，你就已經開始學習，為自己的人生掌舵。就像開飛機或開車，你得要先經過駕訓班，裝備一些開車開飛機的基本概念、操作技術和能力認證，才能上路；「掌舵」你自己的未來，也需要裝備一些「關鍵能力」，能夠幫你更快實現夢想、達成目標、真正負起責任，並取得別人的授權與信任。

這些必須裝備的「關鍵能力」包含：

- 認識自己的長處和優勢、懂得為自己設定方向的目標力
- 計畫、改善、行動的執行力
- 獨立思考、解讀判斷的思辨力
- 用文字和口語，論情說理、表述清晰的溝通力
- 與他人相處、合作、交往的人際力

【十三歲就開始】是陸續往這些關鍵能力發展成書的系列。書裡面沒有「老人的教訓」，而是幫助你上路的「使用說明」。因為我相信，開始讀這本書的你，一定是個極有主見，而且時時想要讓自己更好的讀者。你聽的嘮叨夠多了，我們不必多加贅言。所以，我們替你綜整各方各派有用的方法和工具，深入了解這個年紀開始碰到的「痛點」，提供具體的「行動方案」。書裡各式各樣發生在生活裡的難題和故事，也幫助你提前想一想：如果換做我是主角，面對同樣的兩難，我會怎麼做？

這個系列中各書的主題，都是你馬上用得到，生活裡就能馬上練習的能

力。有時間和心力的話，你可以照表操課，不斷演練改進。若沒有餘裕，也可以讀一讀書，找到一、兩個適用的工具或提醒，謹記在心，潛移默化的向目標前進。

有些大人認為，少年人都沒有韌性和毅力。我不相信這個說法，相信你也不會服氣。【十二歲就開始】這個系列，就是希望能陪伴有志氣的你，務實做好面對世界、面對未來的準備。讓你有信心的說：「相信我，我做得到！Yes I can！」

專家推薦

學會口語表達能力，讓你掌握更多機會

文／卡內基訓練　黑幼龍

我知道你最不喜歡別人跟你說教、訓誨，或講大道理，包括父母、老師，或最好的朋友在內。

你很喜歡聽故事。喜歡聽吸引人的事件。能讓你們青少年信服的是有真人真事，有時間地點，有發展經過的案例。對不對？

其實成年人也一樣。我常想，要是一個人能從青少年時期就開始體驗溝通（主要是口語）的重要，再透過練習，培養出令人印象深刻的表達能力，那該有多好。

巴菲特是世上最富有的人之一，還將自己大部分的財產捐出來作公益。但他年輕的時候很內向，很緊張，不敢在會議中發言，不會做簡報，不知道怎麼做專業報告。有一次還緊張到衝出室外嘔吐。

他接受CBS電視臺的人物專訪（Person to Person）節目訪談時曾

說，卡內基訓練改變了他的一生。因為他在訓練中學會了口語表達的能力。他認為這種能力比他受過的大學教育、研究所教育還要重要。

他為什麼覺得口語溝通這麼重要？

試著想像有二位由同一所學校畢業的同學，甚至念的是同一科系，成績也差不多，畢業後去找工作。面試的時候，其中一人既緊張，又詞不達意；另一人從容自在，侃侃而談……你覺得誰的錄取機會比較高？

開始工作以後，有的人真的經常埋頭苦幹，常常只把「自己的」事做完；開會的時候常坐在角落，不發一言；另一人卻會把自己的意見、構想清楚表達出來，常能得到同事的支持與合作，特別是老闆的注意與讚許……五年後、十年後，他們的發展有多大差別？

向顧客或其他公司介紹自己的產品、系統，或服務時，簡報能力就更重要了。電腦公司要選購處理器，當功能與價格都旗鼓相當，或各有特色時，精采的簡報也常扮演決定性的影響。奧林匹克委員會在選擇二〇一二年奧運會地點時，好多參選國家的實力都不相上下。最後選定了倫敦。有記錄顯示多位評審委員認為英國的簡報做得最好。

幾年前美國要採購大量空中加油機。那是一筆上千億美金的生意，結果竟由一家英國飛機製造商得標，連美國國會都大吃一驚，想要重新檢討。後來媒體報導，其中原因之一是得標的廠商請了一家培訓機構協助他們製作簡報，提升簡報員的表達能力。

我的能力強你就該聘請我；我的東西好你就該買我的東西……這種想法已一去不返。我們有責任幫助別人更了解我，更了解我們的產品。很可惜的是，大部分的學校還沒有教溝通。大部分的公司也都全心全力做產品，沒有培養他們的經理人如何溝通。

你要是從青少年時就開始重視口語表達能力，並且採取行動練習的話，你的機會從學生時代就來臨了。因為推甄面試就用得上，另外在做小組專題報告，說明論文，一直到博士評審都需要。既然效用那麼大，那麼多，為什麼不及早投入練習呢？

第1章

觀念篇

強化口語表達力，
為你帶來個人魅力與説服力

你覺得，對著許多人說話是一件容易的事嗎？

你覺得，把自己心裡的想法，明確說出來，會很困難嗎？

如果有一天，你必須站到臺上去呼籲別人跟隨你的建議，你會怎麼做呢？要怎麼說才能順利的說服他人呢？

什麼是口語表達？

所謂的口語表達，指的就是**清楚表達的能力**、**簡報能力以及推銷自己的能力**，**更深入的說**，**就是敢於公開表達的自信與技巧**。

這樣的自信與技巧從哪裡來？美國人際關係學大師戴爾．卡內基對於口語表達有深入的研究，他認為：「演講不是一門藝術，而是一種技術，而且是人人都需要的一種技術。」也就是說，一個人是否具有口語表達的天分並不重要，只要透過訓練和不斷的練習，這種公開表達的自信是可以被培養出來的。

這樣的自信，是一個人能夠擁有卓越公眾表達能力和團體溝通能力的基礎。當每個人都站在相同的起點時，口語表達的能力與自信，便是能讓你脫穎而出、在別人面前建立良好印象的重要關鍵。

為什麼要學習口語表達？

美國卡內基美崙大學（Carnegie Mellon University）針對他們學校的幾萬名畢業生做過一項調查。研究結果發現，學生畢業以後到社會上，事業很成功、生活快樂的人並不多。他們針對這些既成功又快樂的傑出校友進一步訪查，發現他們成功快樂的因素可從三個層面來看，分別是專業知識、態度與技能。

其中，這些傑出校友在態度上的共同特質是：很自信、很積極、很開朗、有熱忱，而且能夠處理壓力和緊張的情緒。

而在技能方面呢？他們不管在溝通方面的技能、營造良好人際關係的技能、與人合作的技能和解決問題的能力上，也都有很好的表現。

如果將這三個層面合計一百分來估算，你覺得專業知識、態度和技能的占比各是多少呢？

很多人都會猜，三個層面要能平均發展，才能成功、才能快樂。然而，實際的調查結果並非如此。

實際的調查結果中，專業知識只占20%，而態度與技能合計80%。這項調查的意義並不是說專業知識不重要，而是在現今社會中，資訊太過發達，要取得某一項專業知識並不是很困難的事，就像我們一起從學校出來，專業知識是我們的必備條件，只能算是得到入門的入場券而已。

真正對我們有加分作用的，是態度與技能。當一個人的專業知識很充足，想法很厲害，一旦他無法與人溝通或是將自己的想法表達出來，別人便無法從他身上學

口語表達能力能讓你：

①有清楚表達能力

②簡報能力

③推銷自己的能力

敢公開表達的自信與技巧

到任何知識，也無法了解他到底有多厲害。

因此，擁有良好的口語表達能力，能讓你獲得幾項禮物：

- ☑ **建立良好的第一印象**
- ☑ **學會組織專業的簡報**
- ☑ **能更輕鬆自在的表達**
- ☑ **能清楚有力的溝通**
- ☑ **增進有效推銷與說服的能力**

了解自己，不斷練習，你也能成為口語表達達人

很多演說名人，像美國總統林肯、愛爾蘭劇作家蕭伯納、美國股市大亨巴菲特等等，他們小時候甚至說話會口吃、結巴，可是，靠著學習技巧與不間斷的練習，最後不只說得跟別人一樣好，甚至青出於藍。

所以，當你覺得上臺這件事讓你很有壓力時，不妨把這段過程想像成自我淬煉的歷練，去克服自己的不安與害怕，藉此突破壓力、挑戰自我，不管一開始狀況多麼糟糕，經過一次又一次的技巧磨練，相信你也能夠變身為演說魅力十足的口語表達高手。

想要變身口語表達高手，當然有很多工具和技巧可以運用，但是在實戰演練之前，我們需要更了解自己；明白自己的弱點在哪裡、明白自己的優勢在哪裡，才能夠「對症下藥」、「借力使力」！

CHECK

你是哪一型的口語表達者？

請依平時狀況自我評估，以上描述完全符合請打○，完全不符合請打×，還好的請打△，算算看，你有幾個×？幾個○？幾個△？

- □ 能夠以比較大的音量說話
- □ 說話時咬字清楚，聲調抑揚頓挫，富有節奏感
- □ 能夠快速記得人名、認得臉孔
- □ 總是主動打招呼
- □ 不喜歡說別人的八卦，聽到謠言會求證
- □ 說話時能看著對方的眼睛
- □ 做事積極有效率
- □ 服裝儀容整潔，不會蓬頭垢面
- □ 總是笑臉迎人
- □ 看書的時候，很容易抓到重點
- □ 守時觀念很強，能遵守規定的時間
- □ 準備講義或影印資料時，會特別留意是否齊全
- □ 走路、站立時，不會彎腰駝背

○越多的人，恭喜你，你對於公開口語表達不會太害怕，口條也算清楚，只要繼續強化這些優點，成為口語表達高手指日可待。

如果你的△和✕都很多，那你可能需要想想看，是不是屬於以下這幾種人？如果是的話，建議你好好詳閱本書，找出你的絕對弱點，下定決心，一一解決，最後一定能夠克服難關，展現口語表達魅力。

◎類型一：沉默羔羊

這種類型的人，問題在於他們的嘴巴就像是蚌殼一樣，說不開就不開，閉得緊緊的，常常有「省話一哥」的稱號。總之不管別人怎麼講、怎麼談，他們都保持「二不二沒」的原則，不發問、不說話、沒反應、沒意見。

其實，他們並不是真的沒想法，只是對於公開表達、與人溝通有所疑慮和障礙，「愛在心裡口難開」，變成談話場合中最安靜無聲的一群人。

◎類型二：火星人

這種類型的人，說話超跳 tone，不只不連貫、無厘頭，有時說了一大串，卻完全聽不出重點。他們的口頭禪常是「對啊」、「還好啊」、「啊，忘記了」，並不是說短句子不好，而是說話語句精練時，更需要講重點；如果連完整表達自己的想法都有困難的話，別人只能請你快點回到自己的星球去，無法再跟你雞同鴨講了。

◎類型三：裝可愛

這種人最擅長「推三阻四」和「顧左右而言他」，要不就是空耍嘴皮，以為隨便亂講、搞搞笑，就能夠規避需要深入表達的狀況。不然就是把「哎呀，不要問我這麼難的問題啦！」之類的話常常掛在嘴邊；可是，偶爾裝裝可愛無妨，長久下來，別人就會認為你只是個什麼都覺得很難又不思長進的草包，這對個人形象極具破壞性，不可不小心。

◎類型四：驚弓之鳥

這種類型的人，最明顯的症狀就是有上臺恐懼症，明明平常說話聊天溜得很，一站到臺上，要不渾身像有蟲在爬似的扭來扭去，一下子搓鼻子，一下子摸指甲，開口說句話結結巴巴，不然就是像連珠砲一樣，說得又快又急，像是恨不得趕快說完趕快下臺似的。

使用本書的方法：

本書特別列出中學生最容易遇到的口語表達八大痛點，提供簡單、可行的解決方案。每個痛點的解說都包含了：

每一則痛點會先以漫畫故事開場，讓漫畫人物先帶領你找出口語表達的問題點。

漫畫故事之後，先想一想這樣的問題，你了解嗎？會怎麼做？

進一步解說主要的概念，例如自我介紹是什麼？幫助你更加了解。

透過測試，了解自己的特質，以及如何改善自己的口語表達力。

使用本書時，你可以按照順序，從第一單元進行到第八單元，如果你很清楚自己的問題點，也可以直接從你覺得有幫助的問題點，開始研讀。

學習問題點的解決方案，提供促進口語表達力的好方案和工具，讓你運用在實際的生活中。

條列出章節重點，你可以重溫概念，也能更加清楚要改善的地方。

每個單元都提供了延展練習，讓你更深入的練習口語表達的技巧。

最後一個單元是情境習作，這是一個綜合性的練習。透過情境的設定，請你運用前面的行動方案來執行，看你的應用指數有多高？

漫畫人物介紹

接下來的每一個單元，都會由這幾位可愛的漫畫人物來帶領你找出口語表達的問題點，他們每個人都有一些口語表達上的毛病，找找看誰的問題點跟你最相近，跟著他們一起解決這些惱人的小麻煩吧！

樂欣

個性害羞，不太有自信，平常說話都小小聲，在眾人面前講話很有障礙，最怕上臺說話。但她很想改變自己。

曉晴

國小時期就是班級幹部，眾人眼中亮麗、口條好的女生，是班上的風雲人物。但遇到令人尷尬的情形，通常不太知道怎麼化解，會整個慌亂。

飲料店老闆

是個熱情洋溢的大哥哥，威力、曉晴等人的好朋友。

傑仁

威力的哥哥，帥氣，是樂欣愛慕的對象。

威力

諧星等級的人物，個性活潑愛搞笑，目標是成為綜藝節目的主持人。不怕在人前表演，卻經常無法掌握時間與重點。

- 口才好，有自信，口語表達能力強的人，通常也是有魅力的人。
- 口語表達不是藝術，而是技術，是一種人人都需要也學得好的技術。
- 口語表達能力提升，自信心也會提升，就能勇於面對各種場合。
- 積極認識自己，才能克服弱點、強化優點，不斷練習就能成為口語表達高手。

痛點 1

自我介紹很無聊，怎麼辦？

自我介紹很空洞，不知道該說什麼，怎麼辦呢？

今天是開學日……
歡迎新生入學
市立天下中學
唉……
樂欣，你不舒服嗎？
不……我只是討厭開學日。等一下老師一定又要叫我們自我介紹。
對啊，我也不喜歡自我介紹，每次都不知道要說什麼。

曉晴，你可是從小參加演講比賽長大的人呢，也會有這種困擾？
早啊，威力。
我每次想破頭都不知道要說什麼，比演講比賽難多了啦。
這樣講也有道理。
噹噹噹…
上課鐘聲響了，我們快回座位吧！
接下來，就請各位同學輪流上臺自我介紹吧！
8:30 開學典禮
始業式
班會
大家好，我叫做黃曉晴。
平常喜歡看書、聽音樂，請大家多多指教，謝謝。
啪啪啪…
啪啪啪
很好，那麼下一位同學請上臺。

我……
我叫……
……
吳、吳樂欣……
樂欣有沒有什麼嗜好？
沒……沒有……
謝謝樂欣！請大家鼓掌歡迎她。
啪啪
啪啪
請下一位同學——
唰—
真正高興的見到你～大家好，我是威力！
威風八面的威，力大無窮的力！
說到威力這個人，他平日什麼不會，最喜歡看相聲，
研究中華文化是他的志願，娛樂大家是他的心願！
哈哈哈
哈哈

嘿嘿，我可是有備而來！昨天為了這個……
網路上這段藝人的自我介紹真是太酷了！學起來！
老弟，你連看個短片都這麼認真？眼睛都要黏到螢幕上了。
我明天一定可以吸引眾人的目光！
威力的哥哥
嘰哩呱啦
嘰哩呱啦
嘰哩嘰哩
呱啦呱啦
嘰呱呱呱
嘿厚嘿厚
ZZ
威力同學！因為時間有限，我們有機會再找個時間讓你表演吧？
哈哈……好的，不好意思！
嘿嘿，我的表現一定很完美！
對了威力，你還沒告訴大家，你姓什麼呢？
唉呀！

你的自我介紹比較接近哪一個？

回顧前面故事裡三位主角自我介紹的內容，我們可以發現曉晴確實有掌握到自我介紹的重點，她先跟大家打招呼，然後報上自己的名字、說出自己的興趣與嗜好；只可惜她說得太快又說得太少，聽眾才剛剛對她產生好奇，她就謝謝鞠躬下臺了。

相對的，威力就發揮得淋漓盡致。他先唱一句大家耳熟能詳的歌詞，吸引聽眾注意，接著又以兩句成語帶出他的名字寫法，讓聽眾聽出趣味，想要繼續聽下去，但問題是沒有掌握時間，說得太多了。

其中問題最嚴重的，莫過於樂欣了；如果別人連你的名字都聽不清楚，當然無從對你產生任何興趣。

你都是怎麼自我介紹的呢？你的自我介紹比較接近這三人中的哪一個？

我們再來看一次，故事裡的三位主角他們的自我介紹各有什麼問題吧！

曉晴——內容流於形式，沒有特色。

樂欣——聲音太小、沒有內容，說了等於沒說。

威力——活潑有餘，但模糊了焦點，反而忽略重點。

可見過與不及都不好，那麼，怎樣的自我介紹才能剛剛好突顯出自己的特色呢？

為什麼需要自我介紹？

自我介紹是我們進入一個新環境、加入一個新團體時，一定會遇到的環節。隨著各項面試、口試的場合需求越高，一段成功的自我介紹，不只可以讓對方認識你，留下良好且深刻的印象，無形中好感度提升，成功機率也會大增。

根據一項調查，初次見面能讓人產生好感，主要來自以下這幾個方面：

55%好感度來自於 ➡ 外在儀表、穿著打扮、肢體動作、態度

38%好感度來自於 ➡ 表達能力與說話方式

7%好感度來自於 ➡ 談話內容

簡單來說，第一印象裡面，視覺印象和聽覺印象就占了極大的比例。所以，你要如何經營自我介紹？要說什麼？做什麼？攸關你能不能成功抓住聽眾的注意力，讓他們在關鍵7秒內對你產生興趣，願意把接下來的時間拿來了解關於「你」的故事。

想要完成一段讓人印象深刻的自我介紹，首先需要確認自己擁有多少的時間。有時候，你可能會有兩、三分鐘的機會可以好好介紹自己；有時候，你可能只有幾秒鐘的時間能讓對方對你留下深刻印象。

那麼，怎樣才可以在最短的時間內，用最簡短清楚的話，讓人對你印象深刻？你可以試試以下的四大妙招。

四大妙招，打造完美自我介紹

1 規畫一個以自己為題的三分鐘演說

所謂的自我介紹，其實就是自我推銷，我們可以把它當作是一場以自己為題，約兩三分鐘的迷你演說。

演說的結構大概可以分成以下三個部分：

1. 開場白
2. 主題
3. 結語

那麼，把這個結構放在自我介紹裡的話，可以怎麼進行呢？我們簡單以威力的例子來作為示範：

30 秒

開場白：

姓名開場，找出自己名字的特色，一開口就抓住聽眾的注意力。

真正高興能見到你～～

大家好，我叫林威力。就是威風八面、力大無窮的威力啦！

我媽媽說我從出生的那一刻起，就顯現出我的威力，不只是個體重三千六百公克的健康寶寶，而且哭聲宏亮到整家醫院都聽得到，真是威力十足呀！

1 分鐘 30 秒

主題：

可以簡介自己的興趣、喜好，過去特殊的經驗等等各種希望別人對你有所了解的資訊。

可以列舉三項最重要、最特別或最有趣的，如果時間很充足，

30 秒

再分別針對三項特點多說一點。

我的興趣很廣泛，其中，最喜歡也最擅長的就是游泳、唱歌和說笑話。

◎我從小學一年級就開始學游泳了，⋯⋯⋯⋯

◎我很喜歡唱歌，周杰倫的每一首歌我都會唱⋯⋯⋯

◎說笑話則是我最拿手的事，我希望以後能夠當綜藝節目主持人⋯⋯⋯

結語：

表達自己希望在這個場合或情境裡學習或得到什麼。試著去描繪個人與團體相關的目標或遠景。

很高興這學年能和大家同班，希望以後能為班上帶來很多歡笑，您的笑容是我努力的目標！

你可以根據這個結構，整理一遍自己的資料放進來，就能做出一份很不錯的自我介紹講稿。自我介紹也需要準備與練習，透過這樣的訓練，你也會慢慢對自己有更多的認識喔！

2「我」的故事接龍

如果你的時間很充裕，你就可以繼續往下延伸，提供更多訊息幫助別人更了解你。

自我介紹，其實就是要說一段「關於自己」的故事，挑出你人生中最精采的一段、最能讓人印象深刻的一段……，不一定是得意的經驗，也可以是失敗的經驗，因為你說的是自己最熟悉也最了解的事，所以能夠說得更加生動。比方說，「我最喜歡的運動是打籃球，我印象最深刻的一場球賽是小五時代表學校參加校際比賽，那一場比賽，最後一球我沒投進，結果我們輸了。後來，我特別苦練三分球，希望未來在球場上，我不會再讓自己感到後悔。」運用故事或舉例來延伸，你所說的內容更容易讓聽眾產生畫面。

越是認識自己，對自己越了解，越能夠掌握故事的起承轉合，提升故事的精采度。挑選出重點事件，不要超過三項，設計成一小段故事，按照故事節奏來安排事件的順序，多多練習。臨場時，因為心裡已經知道大概要說哪幾件事，一上臺就不會慌了手腳，腦中一片空白。

如果你不知道在「自己」這則故事裡，到底有什麼可說的，也許你可以試著從以下的句子來延伸，故事接龍一下吧！

◆ **我喜歡……**

◆ **我曾經學過＿＿＿（才藝或自己特別有興趣的事物）……**

◆ **我很討厭……**

◆ **我參加過＿＿＿，我覺得……**

◆ **我曾經想過，如果十年後我＿＿＿的話，我就要……**

◆ **這個世界上最上我佩服的三個人，分別是……**

◆ **如果明天我中了樂透，我想要……**

◆ **我有＿＿＿個兄弟姐妹，我覺得我們家像……**

◆我從來沒想過……

◆我印象最深刻的一件事，就是……

◆如果上天非要我放棄一個缺點，那我會選……

3 善用「停頓、間隔、強調」

想要讓對方認識你，最重要也最直接的，應該就是你的姓名，讓對方知道「你是誰」。如果你只有很短暫的時間可以介紹自己，建議你可以運用「停頓、間隔、強調」的語氣來說。

比方說：「大家好，我叫林．威．力。我就讀於〇〇國中一年級。」

在姓名的字與字之間，稍做停頓，讓每個字之間有所間隔，特別加強語氣，像打鼓一樣，以鏗鏘有力的聲調，展現出你的熱忱，讓對方對於你的姓名等資訊留下印象。

4 與家人朋友聊天時，注意聽眾的反應

透過練習可以讓自己在心裡設定一個碼表，知道自己用什麼樣的語速說出哪些內容大概要花多少時間。不過，很建議大家練習的時候不要自己一個人對著鏡子練習。因為，一般人多半不太習慣看著自己，所以看著鏡子說話時，會覺得很尷尬，結果越說越小聲，最後練習不了了之。

講一次給別人聽，你就會知道自己說什麼會引起別人注意，而怎麼說會讓別人聽了不耐煩，不想繼續聽下去。講給好朋友聽，他們會樂於給你多一點鼓勵，而不會惡意批評你。從家人或好朋友的真誠建議中，往往能夠得到不少重要訊息。

也可以把說話的過程錄音下來，自己聽幾遍，可以讓你一方面不會因為過於在意外表而忽略說話的內容，另一方面也能以旁觀者的立場，聽聽看自己在說話的時候表現如何？找出自己的優點與缺點。

NG 的站姿與小動作

1.

雙腳站穩，雙手自然垂放於兩旁，不要抓握在胸前，也不要背放在腰後，那樣會明顯讓人察覺你很緊張。

2.

談話的時候，手腳不要動來動去，一下子撥頭髮，一下拉衣服，如果真的要拿著什麼東西，可以準備一張 3cmX5cm 的資料小卡，拿在手中。

3.

肢體動作不要太過僵硬，上臺前可以先多做幾個伸展動作，幫助自己放鬆。

4.

利用手勢來配合聲調的抑揚頓挫。需要強調和呼籲時，手勢可以放開、加大；如果說到比較溫馨或感人段落時，手勢要收回來。手勢盡量不要太多，以免造成干擾。

5.

如果發現上臺時會不自覺的雙腳抖動或是一直全身晃動，可以適當走動一下，就可以有效改善。

- 自我介紹是讓別人在最短時間內認識你的最好方法。
- 成功的自我介紹，能夠讓人印象深刻，7秒就抓住聽眾的注意力。
- 過於冗長或不知所云的內容，會帶來反效果，把自我介紹當成一場三分鐘的小小演説，先以開場白破題，再帶入主題，最後以一句話收尾。
- 平時預作準備、多多練習，可以讓你臨場表現更加從容自在。

延展練習

1

請利用「我」的故事接龍，完成一篇五百字的自我介紹文。

2

利用聊天的方式，與家人或朋友分享你的自我介紹內容。

3

請找一位家人、兩位好朋友訪談，請他們提出三個關於你的優點以及三個關於你的缺點。

痛點 2

我非常害怕上臺，想到就發抖怎麼辦？

只要上臺就好緊張，腦筋一片空白，要怎麼改善呢？

這次的作文，剛剛都已經改完發下去了。
值日生
其中，吳樂欣同學寫得非常好！
明天上課前，我們先請她來跟大家分享她的作品。
!!
……
樂欣，你還好吧？看起來臉色很差呢！

她一定是因為明天的作文分享在緊張啦！
咦？可是只要照著自己的文章唸就好了啊！
她最怕上臺了，光是上臺就像是要她的命！
原來是這樣……
樂欣不要擔心，我教你不怕上臺的方法……
真的嗎？
不要一直注意臺下的同學嘛，當他們全部都是盆栽或石頭就可以啦！
……有、有那麼簡單嗎？

隔天
媽媽……
我今天可以請假嗎？
不舒服嗎？我看也沒發燒啊。
動作快點吧，媽媽上班要遲到了。
計畫失敗……
那麼我們就請樂欣同學上臺分享吧！
起身
磅！

同手同腳
可以開始了。
慘了……
眼前一片空白
看不到字了……
不怕不怕……
全部當作
是盆栽
和石頭……
盆栽怪
泥巴怪
盆栽怪
石頭魔
完全沒有用嘛！

上臺講不出話來，怎麼辦？

樂欣個性害羞，平常已經不太敢跟別人說話了，更不用說站到臺上讓幾十隻眼睛盯著她看；不只心跳加速、雙腳發抖，腦中更是一片空白，就算有講稿，還是一句話都說不出來。

樂欣的狀況非常典型，屬於「上臺恐懼」症候群的一員。其實，跟樂欣一樣，一想到上臺就緊張、害怕的人，可不在少數；英國倫敦時報做過一個對於「上臺恐懼」的調查，結果許多人認為上臺演講甚至比死亡還要可怕。

上臺之前會覺得緊張惶恐，是很正常的，就連演說經驗豐富的講者，在登臺前也會感到緊張，只不過他們各有一套對抗緊張的方法罷了。

為什麼會害怕上臺？

上臺緊張是再正常不過的事，很多演說名人，小時候也都曾經害怕上臺；比方愛爾蘭劇作家蕭伯納，年輕的時候就因為太過害羞而不敢在人前說話。比方說電影《王者之聲》裡的主人翁英王喬治六世，因為口吃的緣故，每次必須公開發表演說時，都感到痛苦無比。比方說世界首富華倫・巴菲特，年少時是個極度內向的年輕人，說起話來也總是結結巴巴。

一般而言，上臺恐懼症大概會有以下十大症狀：

- ☑ 手腳發抖、四肢不聽使喚。
- ☑ 頭昏腦脹、滿臉發紅，覺得自己像是發燒了。
- ☑ 胃部翻攪，想吐、想拉肚子，想躲在廁所裡不要出來。
- ☑ 心跳加速、呼吸困難、口乾舌燥，覺得自己快要喘不過氣來了。
- ☑ 聲音發抖，舌頭打結、講話結巴。
- ☑ 全身肌肉繃緊，像是要抽筋了似的。
- ☑ 腦中一片空白，什麼都想不起來。
- ☑ 胸痛心慌，心想還不如死了算了。
- ☑ 渾身冒冷汗，握緊拳頭不放開。
- ☑ 覺得臺上每個人都緊盯著自己，很想變成透明人。

這些緊張的情緒與反應，多半來自於以下這幾個原因：

◆ **很在乎這次演說或公開發表的結果**
◆ **很在乎臺下聽眾對你的評價**
◆ **害怕忘記自己該說什麼**
◆ **不想在這些人面前犯錯、出糗**
◆ **以前曾經有說話後被嘲笑或責罵的經驗**
◆ **一直有口齒不清或發音不標準的困擾**

這些原因歸納起來，大概可以分成兩大區塊，一是「怕講不好」，二是「怕被笑」。可是，大家不妨這麼想：「反正怎麼樣天也不會塌下來吧！」

「上臺恐懼症」絕對不是無藥可治的絕症，儘管每個人困擾的地方不同，但只要利用一些小技巧，就可以幫助你一點一滴的克服。一旦你發現自己可以一次比一次進步，自信就會漸漸展露出來，不再因為害羞或緊張而恐懼上臺了。

四大心法，打擊上臺恐懼症

1 接受自己會緊張、會害怕的事實

在上臺之前對自己承認「我現在很緊張」、「我不想上臺去說話」之類的情緒，然後用肯定句鼓勵自己、為自己打氣，如：「我已經盡我所能充分準備了」、「我上臺後會表現很好、暢所欲言」、「最糟不過如此，我連因應方法都想好了」等等。我們沒有辦法主宰別人的反應和評價，但我們絕對可以扭轉自己的想法。

2 深呼吸、練習微笑

運用大量重複性的語句，像「呼、吸、呼」或「張手、握拳」等等一邊做、一邊說，以及張開嘴誇張的練習嘴型，都可以稀釋掉腦子裡那些「不要怯場！要冷靜！」的念頭，這時候反而能夠真正冷靜下來，讓精神保持放鬆。雙手推推嘴角，調整出微笑幅度，也可以轉移焦點，減少緊張。

另外，在練習的時候，盡量讓自己的聲量放大開來；想像自己在對三十個人說話的聲量，再想像自己面對三百人說話的聲量。當你專注於讓自己把聲音放大、把話說出來，你會發現自己原本對於緊張的注意力降低了，肢體動作也會放鬆不少。

3 把臺下聽眾視為風景，掃描一遍

把聽眾當成西瓜或馬鈴薯，不見得是最好的方法，因為把注意力放在聽眾身上，有時反而能有效降低自己的緊張。雖然太過於專注某些臺下聽眾的表情，可能會讓講者分心，也容易因為聽眾的反應而患得患失。但是不妨在開場時與聽眾交換視線，以抓住聽眾的注意力；如果真的很緊張，也可以把聽眾當成風景的一部分，視線掃描過每一排的聽眾，不用停留在某一位聽眾身上太久。

4 充分準備、提早到場，累積更多經驗

想要上臺說話時表現得從容自在，成功的不二法門，就是練習。不管是演說的內容，或是掌握上臺發表的節奏，都不可能一蹴可幾，失敗在所難免；然而經驗值決定一切，你花費多少工夫，就會有多少自信。同一段話，說一遍和說一百遍，結果絕對不同；上臺一次和上臺一百次，表現出來的也

絕對不一樣。克服上臺恐懼的祕訣就是：練習、練習、再練習。

因為在意自己的表現，所以即使是身經百戰的演講者，也會需要在上臺之前自我打氣，告訴自己：「我已經準備好了，我今天可以表現得很好。」事先到場感受一下站在臺上的感覺，想像自己等一下能夠保持笑容，與聽眾充分連結，完成一場成功的演說或簡報。這些都能有效降低壓力帶來的緊張與恐懼。

自我心理建設的好方法

1. 回想之前的成功經驗

想想看，在過往的經驗中，有哪些好的反應和回饋，記住當時自己的感覺。以這個感覺作為起點，告訴自己：「我今天也能說得和那個時候一樣好。」

2. 畫出讓自己滿意的願景

如果過往經驗很糟，或是乏善可陳，彷彿找不出任何優點，那你可以為自己畫出一幅美好的願景。「不管過去怎麼樣，今天都是新的開始，我會講得很好，我能看到聽眾露出開心的笑容，大家都樂於給我掌聲。」為自己設定一個快樂成功的畫面，而不是去想「萬一講不好怎麼辦？」或是「同學笑我怎麼辦？」。

把腦海中的負面情景全數扭轉成正向願景，效果會完全不同。

- 上臺會緊張、會害怕，是很正常的，很多人都有同樣的經驗。
- 上臺恐懼症可以透過熟練的技巧和心態調整去克服。
- 會緊張並不是壞事，這表示你對事情很重視，不妨將緊張的心情轉換成謹慎的態度，把先前的準備全部表現出來。
- 做一次和一百次結果絕對不同，祕訣就是練習、練習、再練習。

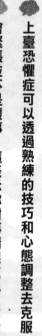

延展練習

1

在鏡子前觀察自己的表情，找出自己最佳的微笑表情，多練習幾次。

2

練習「張手、握拳」，感覺這兩個動作帶來的感受。想一想你還有什麼其它能幫助放鬆的小祕訣？

3

將你要上臺報告的資料，在家人面前練習一次，並且請家人為你調整。

痛點 3

報告到一半卡住了、忘詞了怎麼辦？

上臺忘詞超級糗，要怎麼化解這種尷尬場面？

頒獎典禮
啪啪拍……
啪啪……
啪啪啪啪……
曉晴平常比賽經常得名次，在學校裡相當活躍，是個品學兼優的好學生。
但是，她卻有個唯一的罩門！
生物
Biology
轟轟轟隆！
嘿嘿……
「生物」是她最沒有興趣的科目，也不熟悉任何生物學家……可以說是曉晴最難對付的敵人。
而這天……
請大家針對自己感興趣的生物學家或者生態作家進行閱讀，下次上課交報告。也會抽幾位上來跟大家分享。
如果抽到我的話怎麼辦啊！
放心啦，當作上臺唬爛一下就好囉！

唉……我雖然不怕上臺，
但若是要我報告生物的東西還真是頭痛！
勉強借了一本書來參考。
小獵犬號大發現
十分鐘後
ZZZ
好累……拼拼湊湊也好，總之弄一份報告出來就是了吧！
只希望不要抽到我上臺就好……
但是……
──那麼就請曉晴同學上臺吧。
天不從人願……

讓我們把時間回到幾年前，當時曉晴還是小學五年級……
各位同學有十分鐘準備時間。
教育局全市國小文藝交流活動
即席演講
我的題目是「螞蟻的啟示」。
我是「最尊敬的人」，還蠻好發揮的。
「忍與恕」？這是什麼？
小學生的曉晴
嗯……所謂的恕就是寬恕。
也就是說……
平常和同學相處難免有摩擦，這時候就要忍……
呃不，這個應該是恕才對！
所以這是灰腸重要……
啊，是「非常」重要！
哈哈哈哈
那真是難忘的一次恥辱經驗啊……

沒關係！這次我好歹也做完了報告，把知道的講出來就行了。
達爾文是一位偉大的生物學家……
雖然父親很反對，他還是乘坐小獵犬號出航。
來到了激發「進化論」靈感的島嶼……就是加……咦？
是我啦！
WELCOME
加巴拉哥
WELCOME TO
不對，是我才對！
統統走開！讓專業的來！
WELCOME TO
喀啦
腦筋打結的聲音。
達爾夫經由偉大的航線來到喬巴島，在那裡遇到一群神奇的麋鹿，觀察……接著他又遇到……
胡言亂語
不知所謂
糟了，曉晴已經語無倫次了！

在臺上出了錯，怎麼辦呢？

身經百戰的曉晴，在演說時因為一個發音不標準，被觀眾嘲笑後，就整個卡住了。在生物報告的時候，也因為一個詞說不出來，讓接下來的演說內容一片空白。

「明明都背過了，怎麼會一上臺卻什麼都想不起來？」、「我本來說得好好的，怎麼一句話咬了螺絲，後頭就跟著零零落落了？真糗！」你是否也曾經有過類似的「悲慘」經驗呢？好不容易做好心理準備，好不容易克服了內心恐懼，偏偏就是在臺上犯錯出糗，實在是讓人恨不得可以挖個地洞鑽進去。而且，有時候，一個小錯打斷了節奏，就全盤皆亂了套，變成錯錯相連到天邊，實在尷尬至極。如果你是曉晴，你會怎麼做呢？

為什麼上臺會NG？

一般來說，上臺NG通常有以下幾個狀況：

- ☑ **太緊張，明明背過了，卻突然忘記。**
- ☑ **準備不足，沒能強化短期記憶形成長期記憶。**
- ☑ **說得太快，把原本記得的東西全部混在一起。**
- ☑ **稿子寫得不夠口語，拗口難記的小細節，怎麼想也想不起來。**

從以上這幾點，我們不難看出，上臺會卡住、忘詞，最主要來自緊張與準備不足。有一些小方法可以用來幫助我們克服這些問題。

三大步驟，搶救上臺NG危機

1 充分練習

其實，真正造成我們恐懼上臺的原因，其中之一是沒有準備就上臺。所以，避免上臺出糗的方法，無疑就是讓自己準備得更充分，不管是擬稿切題、咬字、誦記等等，都要一再練習、一一修正細節為上策。當你對自己要說的內容越熟練，你將對自己更有信心，上臺表現也會越好。

事前準備的目的，也是為了提升我們上臺前對自我的信任，相信自己可以表現得很好，相信自己能將想傳達的目標說明清楚，相信聽了你的演說後，聽眾都能很有收穫，這些自我信任與信心增強，往往可以真正讓我們展現出自信的一面。

2 運用工具

◆ **做小抄**：準備一張紙，不要超過A4大小，把每個段落的重點依序條列出來。特別難記的專有名詞、人名、地名等等，可以用螢光筆標示，萬一真的臨時想不起來，瞄一眼，就能幫助你找回印象。

◆ **加手勢**：可以在關鍵重點加上一些手勢或動作，一來能吸引聽眾的注意，讓報告內容更生動、有參與感，二來也可以利用身體的感覺記住重點內容。

◆ **設暗樁**：可以先和好朋友商量好，如果真的上臺時不小心忘記，能幫你提示重點。利用類似：「對了，某某同學，你知道達爾文是在搭哪一艘船旅行時，發想出『進化論』呢？」之類問答來應急，有時也能營造出臺上臺下互動的效果，說不定正好化危機為轉機。

3 出糗時挽回劣勢

當然，百密一疏，有時候即使我們準備了再準備，明明計畫得好好的，結果卻不如我們預期，偏偏就是在我們以為不會犯錯的地方出糗了。萬一真的忘了或說錯了，你可以利用以下幾個化解尷尬的方法，來幫你度過難關。

◆微笑

首先，最重要的一點就是不要在臺上道歉。因為即使你說到一半停頓下來，聽眾卻不見得立刻聯想到你忘詞了，只要你能夠很快接下去說，聽眾可能就會以為這是你故意設計的停頓。

如果聽眾已經發現，雖然覺得難堪或丟臉，但是，與其僵在原地，不如真誠給聽眾一個微笑，然後趕快重新整理一下心情、瞄一眼手上的小抄，找出另一個段落或是預備的小故事繼續往下說。坦然微笑承認，也許你能夠得到更多空間和時間。

◆幽自己一默

凸鎚的時刻，當然很不好受，但是如果你以自我解嘲的方式來應對，幽自己一默，聽眾會心一笑時，也會更欣賞你的臺風穩健。

比方說，走上臺的時候，不小心跌倒，場面當然很尷尬，但是我們要記住，不管發生了什麼事，都只是小插曲，不能拿來當作講不好的藉口，這是演說人或報告人對於聽眾的責任。

所以，何不輕鬆的笑一笑，說：「大家好，相信大家不難看出我有多麼迫不及待想跟大家分享，所以三步併作兩步，才會跌了一跤。接下來，我們就進入正題……」

在臺上出糗，或許很尷尬，但是以正向的態度來看待這樣的狀況，反而會讓聽眾對你產生親切的感受。總之，先別急著慌張或想要抱頭痛哭，這不是世界末日。冷靜下來，面帶微笑，幽自己一默，然後在聽眾發笑時，以最快速度找回原本的報告節奏，必然可以平安下臺。

事前準備三大訣竅

1. 內容準備的訣竅

◆ 文一定要對題，可以運用前面學過的開場、主題、結尾等三大結構來設計講稿。務必把要說的、該說的內容都一一整理出來，列出重點。

◆ 依照內容安排把重點條列出來，但是千萬記住不要寫作文，因為文字書寫和口語表達不同，你在文章裡可能會寫「拾獲三元」，但是說話的時候則會說「撿到三塊錢」。

◆ 舉例時，可以盡量運用跟自己有關或熟悉的人、事、物來作為例子，一來因為熟悉可以說得比較生動，二來也比較不容易忘記。

◆ 準備的內容要比實際報告的內容還要多一些，口袋裡準備幾個錦囊妙計，像是與主題相關的小故事、案例或者笑話等等，萬一臨時忘詞，也能隨時拿出來補充，避免臺上開天窗。

2. 記憶背誦的訣竅

- 千萬不要死背講稿，也不要把稿子拿在手上讀，因為一旦聽眾發現你是照稿念，他們會立刻對你所說的內容失去興趣。
- 利用圖像等記憶工具，強化重要關鍵字的短期記憶。有畫面的記憶方式，才能讓印象更深刻、更持久。
- 記住報告內容的順序因果，就算上臺時真的忘掉某個段落，也可以很快接到下個段落，讓報告不至於中斷。
- 利用談話來練習是檢驗自己記得多少的好方法。比方說，找個機會跟朋友或家人聊天，例如：「哥哥，跟你說個故事好嗎？」當你把故事重述一遍，你就會知道你對於這個故事有多少了解、多少把握。

3.

咬字、語速練習重點

◆「ㄈ/ㄏ」、「ㄌ/ㄋ」、「ㄌ/ㄖ」、「ㄓ/ㄗ」、「ㄔ/ㄘ」、「ㄕ/ㄙ」、「ㄝ/ㄟ」、「ㄛ/ㄡ」、「ㄢ/ㄤ」以上這幾組聲符和韻符，要特別小心不要混淆，不然容易出現臺灣國語、發音不標準的狀況。

◆準備一篇小短文或報紙新聞，以放鬆心情的方式唸讀計時，看看自己平常說話的速度，上臺的時候可稍微再放慢一點點。也可以利用錄音，聽聽看自己說話時，是否有發音或語速等問題。

◆減少「這個」、「那個」、「然後」等口語贅詞，真的說不出來，寧可暫停休息幾秒。

- 犯錯、出糗、失敗都不是世界末日，只要改正錯誤就好了。
- 上臺前充分準備，發音、咬字、誦記等等，都可以透過練習加強，讓你更有自信上臺表現。
- 千萬不要死背講稿，最好用自己的話來說，舉自己或熟悉的人、事、物作例子，印象更深刻，不容易忘記。
- 萬一真的犯錯出糗了，別慌張，冷靜下來，給聽眾一個微笑或幽自己一默，都可以換取更多時間與空間，讓你找回原本的節奏。

延展練習

1

想一想，你最怕的尷尬狀況是什麼？為什麼？你有什麼妙招可以化解嗎？

2

找一、兩個名人在臺上出糗以及他們如何化解尷尬的例子，並找出他們化解尷尬的方式。

痛點 4

怎麼製作精采的簡報檔？

能讓聽眾一目了然，
內容又豐富的簡報，
到底要怎麼做呢？

吉他茶飲
Mr.-Tea-Guitar
新品上市!
新品上市!
新品上市!
來！這是你們點的東西。
帶兩個女生，很有齊人之福啊，威力？
老闆大哥，這種話很討厭耶……
哈哈抱歉，開個玩笑啦。
其實，我們是來討論下禮拜生物課的報告啦。
做好以後可以請大哥哥當聽眾預演嗎？
沒問題啊！拭目以待囉。
該做的事情有這些，我們得分配一下。
收集資料、實驗和分析、做電腦簡報、還要上臺報告……
那個，我……

樂欣你不想上臺對吧？
咦？
放心啦，我們都知道的！
對不起，因為我一上臺就會怕……
但是其他的事我都可以做！
放心，上臺就交給我和威力吧！
謝謝你們！
樂欣你就……電腦簡報給你做可以吧！
沒問題！只要不上臺都好！
找資料也可以嗎？
不上臺都好！
順便也做個實驗和分析吧，今天這一頓也給你請……
只要不上臺……
全部都是我在做了嘛！
逗你玩的啦！抱歉啊！
嗚嗚……
別鬧她了，資料我這邊應該可以整理。

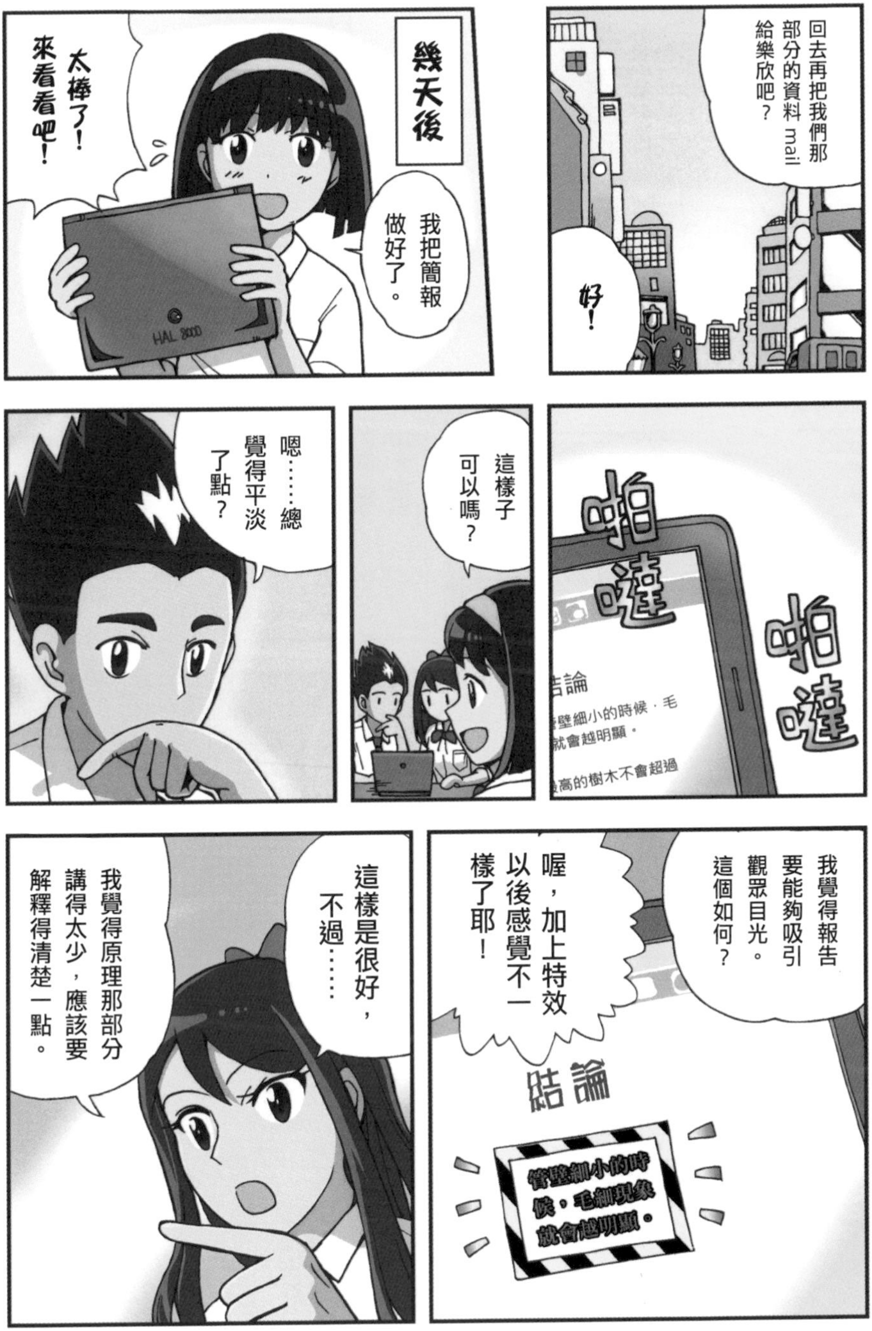
回去再把我們那部分的資料 mail 給樂欣吧？
好！
幾天後
我把簡報做好了。
太棒了！來看看吧！
HAL 8000
啪噠
啪噠
這樣子可以嗎？
嗯……總覺得平淡了點？
我覺得報告要能夠吸引觀眾目光。這個如何？
喔，加上特效以後感覺不一樣了耶！
結論
管壁細小的時候，毛細現象就會越明顯。
這樣是很好，不過……
我覺得原理那部分講得太少，應該要解釋得清楚一點。

我再多加一點上去吧。
對了，我剛想到……
比起畫面，音效更能讓簡報增色不少。
咻！
哇！這個音效好有趣喔！
數據也寫完整一點好了，不然人家以為我們沒作實驗。
一起改吧，還有這個我找到的素材……
啊，這樣前面顯得很空耶。
好可愛！
宇宙大重點！
超重點
啪啦啪啦
我們的實驗結果
閃閃亮亮
光影流動
感覺怎麼樣？
該怎麼說……像是龍舌蘭加上酸辣湯混合感冒糖漿的綜合果汁……
那到底是什麼奇怪味道？

什麼樣的簡報檔會NG？

讓我們看看樂欣這一組的報告有什麼問題？為什麼會讓飲料店的大哥哥看得頭昏眼花、呵欠連連？以下是一般常見的簡報NG狀況：

- ☑ **簡報檔裡塞滿了文字，沒有重點。**
- ☑ **聲光效果太多，令人眼花撩亂，看不到重點。**
- ☑ **投影片數量太多，報告過長。**

你知道怎麼樣才能做出適中又能為報告加分的簡報檔嗎？

完美簡報檔的重要性

根據一項關於成人暫存記憶的研究調查顯示（下表），一般人只是看著讀，一段時間過後，暫存記憶就只剩下16％，而如果加上投影片和解說，暫存記憶的比例就能提高到50％；假使能實際參與互動或演練，那麼記憶的效果就更高了。

由此可見，報告的時候如果能有大字報或PPT簡報檔輔助，可以

成人暫存記憶調查表

閱讀	16%
眼見	20%
耳聽	30%
眼見＋耳聽	50%
眼見＋耳聽＋問答	70%
參與＋互動	90%

讓聽眾聆聽時，更容易了解報告者想說什麼、說了什麼。

相信很多人都知道，一份精采的簡報，可以幫助你的報告內容加分生色；而一份糟糕的簡報，則會讓你的聽眾頭昏腦脹、放空神遊。目前絕大多數的人都會使用的 PowerPoint 簡報檔，是報告、演說、會議時很常使用的工具，簡單歸納一下一般人在製作簡報檔時，容易出現的問題：

- **想要把全部的內容都塞進同一張投影片裡。**
- **完全無分類的條列點，有些甚至只是在文章段落前加黑點。**
- **字體太小看不清楚、難以閱讀。**
- **過量的圖表和太細碎的表格。**
- **過多的美工圖案和讓人眼花瞭亂的聲光特效。**
- **太過冗長的報告內容和太多張的投影片。**

製作 PPT 簡報投影片的目的，一個是強調重點，一個是指示方向。也就是幫助聽眾知道目前報告到哪裡了，目前正在報告的段落裡有什麼重點。

假使，製作出來的投影片完全無法達到效果，那張投影片也就沒有存在的必要了。

那麼，一張投影片需要達到什麼樣的效果呢？

- **◆抓住聽眾的視線，讓他們一眼就看到「重點」！**
- **◆喚醒聽眾即將渙散的注意力，讓他們知道你說的哪一段是關鍵，進而理解或認同你的說明。**

想要呈現一份精采的 PPT 簡報檔，重點就在於「少勝於多」，最好「簡單」，絕對不能「複雜」。那要怎麼做才能達到這樣的效果呢？

四大重點，做出完美簡報檔

1 條列重點，而非報告內容

當我們把整段文章都複製、貼上，讓整張投影片看起來只有一大塊字，聽眾不只無法專注在每一個字上頭，也很難閱讀理解。再來，要是聽眾們全都在專心閱讀投影片裡的內容，那麼誰在聽你說話呢？所以，製作簡報的第一步就是，找出報告重點，分點條列。

比方說，我們想要說明「良好的口語表達目的，在於建立良好的第一印象」，我們可能先說明「要建立良好的第一印象，關鍵在最開始的7秒鐘。」

接著補充一段尼克森總統與甘迺迪競選時小故事，但是在投影片上，就只需要放上「良好的口語表達可以建立良好的第一印象」即可，而不需要把所有的說話內容都寫上去。

重點原則很簡單，就是投影片是骨架，目的是提示作用，真正的血肉都在主講人所說的內容裡。

簡報設計原則：

- ◆ **英文簡報中有「7」原則，指一張投影片裡，一行最多七個字，一頁最多七行。**
- ◆ **中文簡報的設計則建議每頁不超過六行，每行不超過十二字，以一張投影片在十秒內可以看完並且理解為原則。**
- ◆ **重點在於不要讓聽眾因為費力去辨識投影片的內容，而忽略報告者在說什麼。**

2 善用圖與表，特效不亂用

有句話說：「一張圖可以代替一千個字。」圖表、表格、特效文字等等，運用得好，確實可以達到吸引聽眾注意力的目的；然而，如果文字的字體太小、筆畫線條太細、字距行距太密，或是表格太瑣碎、圖形太複雜，都會因為不利聽眾閱讀了解內容，而造成反效果。

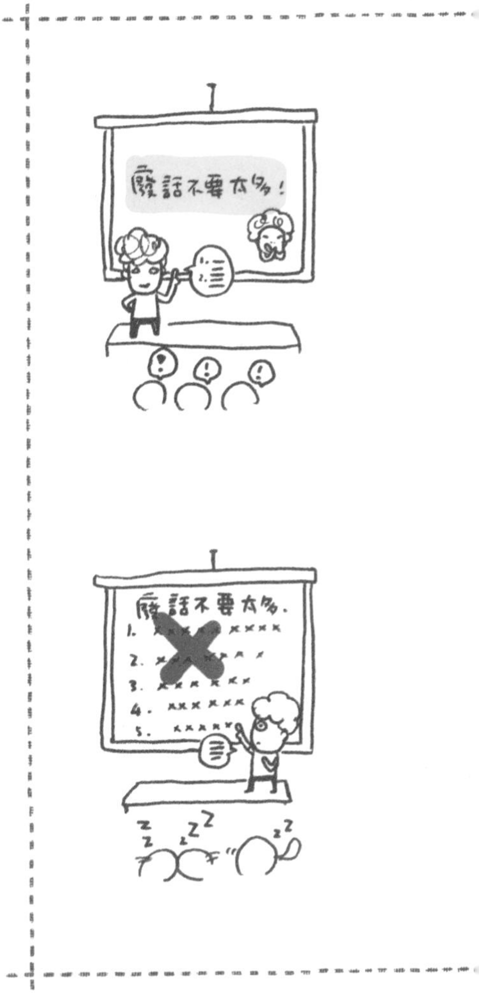

運用各種電腦特效時，建議不要一次使用太多種效果，最好整份簡報只使用一種特效。要記得，簡報檔是輔助工具，主講人所講的內容才是重點，不能讓簡報檔反過來造成干擾。

遇到專業術語或是複雜的資訊時，可以利用比喻或類比的方式來說明：例如：「世界上最大的動物是藍鯨，牠們的平均體重約為六百～七百公斤，比一臺汽車還要重。」以聽眾熟悉與容易理解的案例來類比說明，聽眾比較容易記住重點。

在安排投影片時，找一張藍鯨的圖片和一張汽車的圖片，中間加上一個「＞」大於符號在畫面上就很清楚易懂，聽眾也能很快速留下深刻印象。

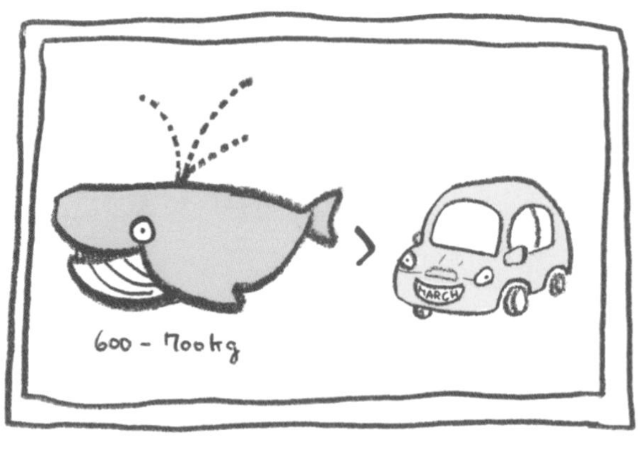

最後，如果你真的有大量很重要的資訊或數據需要提供給聽眾，也許把數據或細碎圖表資料獨立出來製作成講義，提早發給聽眾，讓他們可以在聆聽的過程中自行翻閱參照，會比把這些內容放在投影片上更有成效。

3 根據時間控制投影片張數

你會發現，當你開始製作簡報檔時，最常遇到的狀況是好多要說的東西，簡報檔怎樣都不夠，越做越多張。讓我們想一想，二十分鐘的報告時間，投影片卻做了四、五十張，那就表示每一張投影片停留的時間不到三十秒；假使每張投影片的內容都是長篇大論，在如此短暫閃示的過程中，聽眾根本不可能去閱讀任何一張投影片，做了也等於是白費工夫。而且投影片的內容和張數越多，聽眾也越容易分心。

在選擇與刪減內容時，可以掌握以下幾個重點原則：

◆ **有多少東西要說**？

◆ **我有多少時間**？

◆ **我的聽眾是誰**？**哪些是他們真正需要聽的**？

唯有對於所要說的內容了然於心，深入了解聽眾的需求，才能整理出最適切的報告內容。有時候，對象不同時，雖然主題相同、重點近似，但是在舉例與故事運用時，就要針對聽眾的特質去做不同的選擇。

那麼，一場簡報到底要做幾張投影片才算剛剛好呢？

這個問題見人見智，原則上要做幾張投影片，應該要看你的報告需求而定。美國行銷雜誌就主張三分鐘簡報，學會在三分鐘裡抓到重點，把主題說明清楚，對於臨機應變能力的磨練很有助益。泰山飲料公司也在創意發想會議裡，提倡三頁簡報術，要求員工只要做三張投影片就好，第一張「用故事談主張」、第二張「用數字談效益」、第三張則「談如何實際行動」。可見，簡報的重點在於掌握「簡單、清楚、明瞭」的原則，而非數量多寡。

如果你還是無法決定要放多少張投影片，你可以用一個簡單的公式，也就是將你的時間除以二，所得出來的數字就是你最多不要超過的安全張數。例如：二十分鐘，你的投影片最好就不要超過十張，才能從容不迫的講完。

4 為你的簡報檔編劇

一份精采的簡報檔，就像一場好的演講，或者一篇好文章一樣，如何安排內容的鋪陳，相當重要。如果我們把一場二十分鐘的簡報，看成一個人的身體，那麼開場白和結尾，分別是一個人的頭和腳；而中間的主題，則是軀幹的部分，其中，還可以再細分為胸部、腹部、臀部下肢等三個區塊。

按照這個結構來看，我們可以這樣安排投影片的內容：

- ◆ **簡報題目：1張**
- ◆ **開場白重點：1張**

◆主題一：2張（依序可為：說明1張、資料訊息1張）
◆主題二：2張
◆主題三：2張
◆結尾重點：1張
◆重回簡報題目：1張

這樣下來，最多只需要十張投影片，就可以把報告內容的重點都呈現出來了。開場白和結尾，都可以只放一個重點，不管是一張圖，或是一句話，目的是為了讓聽眾鎖定這個重點，不管話題繞再遠，都要記得繞回來。

主題部分就像是人的軀幹，也就是這場簡報裡最重要的部分，要如何區分成三大重點，攸關於報告者對於報告內容的了解，以及融會貫通的能力。一次專注於一個主題，說明時不要照著稿念，也不要譁眾取寵，搭配適當的故事或舉例，輔以語調變換、動作手勢，投影片就能夠達到畫龍點睛的功用，讓你的報告精采萬分了。

另外，在簡報時，段落與段落之間，可以設計好「橋梁」，運用一小段總結，讓剛剛說明的主題和下一段要說明的主題之間，能夠順利「過橋」，使聽眾隨著你的引導自然而然的進入下一個段落。

比方說，「從剛剛談到的小故事，我們可以知道溝通的重要性，接下來我們來談談怎麼樣溝通，有助於我們建立良好的人際關係。」為下一段主題搭好一座橋，前一段結語剛好也是下一段開場，銜接起來很順暢，聽眾也能順著你的安排繼續聽下去。

如果在練習時就發現投影片與投影片之間的銜接不夠流暢，最好立刻檢查，如果某一張投影片放上去以後效果沒有想像中的好，寧可不放，只要口頭說明就好了。

怎麼製作簡報的「重點」？

- 將你要說的內容分類、分段，然後盡量用一句話說明，放在投影片裡。
- 關鍵的時代、數字、公式、地點等等，以及各種需要解釋或說明的專業術語，可以特別列出來，幫助聽眾加強印象。
- 按照起承轉合等邏輯思考的原則，安排報告的順序，每一個段落盡量只講一個重點。如果要說的內容很艱澀，一定要搭配一個簡單的例子來說明。
- 提供證據、統計數據、事例、事實成果、展示品等等，都有助於讓聽眾理解，並且認知到現在正在說明的內容很重要。

- 適當的大字報或投影片輔助，有助於聽眾了解簡報內容。
- PowerPoint 簡報檔是使用率很高的輔助工具，製作簡報投影片的原則就是簡單、清楚、明瞭。
- 在投影片裡放入太多細節反而無助於聽眾了解，如果數據等資訊真的很重要，不如獨立做成講義，事先發給聽眾。
- 簡報檔的張數，視個人需要與時間長短而定，真的無法判斷時，可以把報告時間除以二，簡報檔張數就以不超過這個張數為主。

延展練習

1

請找一份你覺得很棒的簡報檔，說說這份簡報檔讓你覺得很棒的原因。

2

根據上面的簡報編劇法，試著分析這份簡報的頭尾以及主題是怎麼安排的？

痛點 5

怎麼掌握報告的時間？

簡報時間有限，到底要怎麼分配報告時間？怎樣才能恰到好處呢？

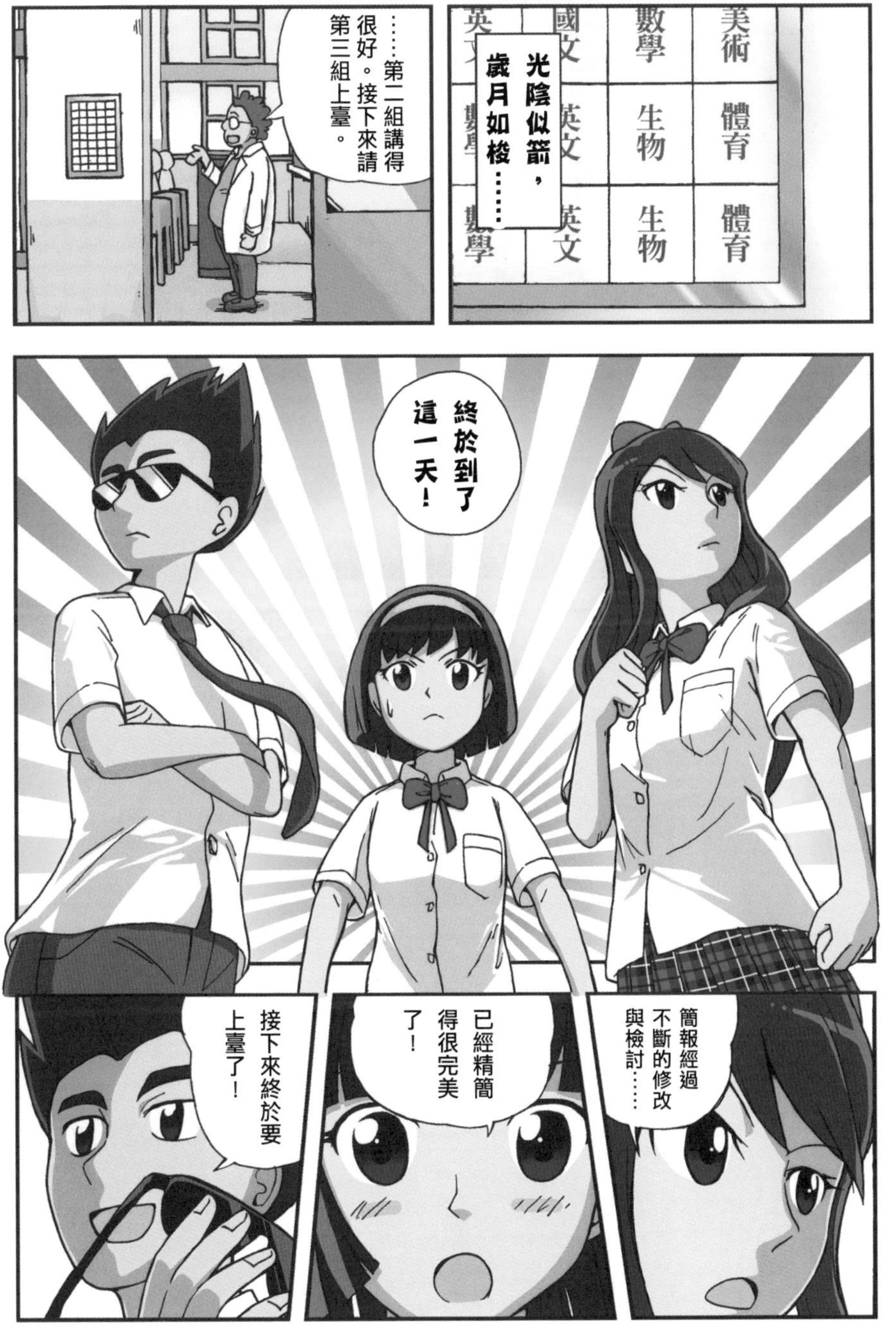
美術 體育 體育
數學 生物 生物
國文 英文 英文
英文 數學 數學
光陰似箭，歲月如梭……
……第二組講得很好。接下來請第三組上臺。
終於到了這一天！
簡報經過不斷的修改與檢討……
已經精簡得很完美了！
接下來終於要上臺了！

我們這組的主題是毛細現象！
我是組員林威力。
介紹一下我們的組員，首先是電腦很強的吳樂欣……
嘰哩
呱啦
……簡單介紹完組員，要進入我們報告的主題了。
何必花五分鐘介紹組員啊！而且這一點也不簡單嘛！
不過，不得不說威力的表演能力還真是一流的……
哈哈哈哈…
嗨！我是水分子！咦？怎麼有一股力量把我吸引過去呢？
我是海綿寶寶，我身上有很多小洞可以吸水唷！

就像剛剛表演的一樣，我們日常生活中也有很多應用毛細現象的實例……
世界上最高的樹有一百多公尺……
從原理講起，科學家對於這種現象……
要弄清楚的話就不得不提到物質的結構，也就是說水分子……
簡報精簡成十張，我就多講一些吧，不然很快就講完了……
威力這傢伙！說好兩個人平分時間，已經超過啦！到現在才講兩張？
等一下我怎麼辦？
壓縮
總長固定
打暗號
（加快加快）
哈哈！看曉晴也很高興嘛！
我表演得真好對吧！
興致更加高昂
完全誤會啦！

就這樣啦，接下來實驗部分交給曉晴同學囉！
總算……
實驗的器材有燒杯和尺然後準備了水和水銀……
匆匆忙忙
雖然稍微有誤差但是和公式相比仍在誤差範圍之內因此可知道……
匆匆忙忙
……以上！就報告到這裡。
呼……好趕啊！還是稍微超過時間了。
欸，你為什麼講得那麼急啊？
你還敢問！都是你害的！

時間不夠用了，怎麼辦？

故事裡的小組報告，到最後似乎成了一場災難，為什麼會這樣呢？不難發現，最重要的元兇就是威力。威力一上場就花了五分鐘介紹組員，接著才進入報告。他唱作俱佳的表演水分子、裝出海綿寶寶的樣子，說明海綿吸水也是毛細現象之一，雖然很有趣，但十分鐘過去，只講了兩張簡報檔。輪到曉晴上臺時，只剩下五分鐘，真正要講的重點只能匆匆帶過，可惜這組做了那麼久的實驗還有精心安排的簡報檔。

威力沒有掌握好時間，導致接下來大家全亂了套，在團體報告中，你曾遇到這樣的狀況嗎？如果你是威力你會怎麼做呢？又如果你是曉晴，你該怎麼收拾善後？

為什麼掌握報告時間這麼重要？

簡報是為了向大家展示努力的成果，不管是一個人或小組報告，簡報時間的掌握都是一場簡報能否成功的關鍵。「**有多少時間，說多少內容。**」這是上臺報告最重要的原則，但是你知道怎麼完美分配與掌握時間嗎？

一般無法掌握時間的報告，通常有以下幾個狀況：

- ☑ **長篇大論，欲罷不能。**
- ☑ **製造太多不必要的效果。**
- ☑ **時間分配有問題。**

當你獲得報告或說明的機會時，就表示你將擁有一段時間可以將你的想法和意見發表出來。既然這段時間都是你的，感覺上好像是你想說什麼想怎麼說都可以，能夠自由運用。每一場報告都有時間限制，即便你想要滔滔不絕跟大家分享你的成果，但聽眾並沒有一、兩個小時的時間聽你長篇大論，這時你要有辦法將你想說的內容在二十分鐘或十分鐘，甚至是三、五分鐘內說完。其中的祕訣只有一個，就是：「講重點」。

上臺報告之前，很重要的一件事，就是要先確認報告的時間到底有多長？有多少時間可以運用？在多人報告的時候，要怎麼分配彼此的時間，才能讓每個人都把自己該講的全說清楚，讓聽眾聽明白？

三大妙招，精準掌握報告時間

1 六大元素，找出報告內容的重點和順序

好的口語表達，最好能夠具備以下「五言」特質：**要言之有物，要言之有序，要言之有理，要言之有據，要言之有禮**。

想要言之有物，就積極收集各種相關資料、做好功課，讓你的報告內容豐富又有內涵。想要言之有序，就要藉由邏輯思考來組織你的報告內容，什麼是重點？哪個重點在先、哪個在後？哪個非說不可？哪個有時間再補充？這些都會影響聽眾能不能清楚接收到你所想要傳達的訊息。

言之有理和言之有據，代表講話重視證據，如果能在說明重點時，同時提供一些佐證或案例，會讓你的報告內容更具說服力。言之有禮則表示在任何說話的場合，我們都要保持風度和禮貌，遇到任何事都能冷靜處理，不讓情緒主導，仔細觀察聽眾反應，盡量讓聽眾對你產生好感，樂於聽你說話。

那麼，怎麼樣找出報告內容的重點和順序，讓你的報告聽起來條理分明、論點清晰呢？不妨運用以下六個問題，幫助你思考：

- **這件事是什麼**？（**What**）
- **為什麼會這樣**？（**Why**）
- **在什麼時候發生**？**以後會怎麼樣呢**？（**When**）
- **發生在哪裡**？（**Where**）
- **誰說的**？（**Who**）
- **怎麼做**？**會有什麼樣的影響或發展呢**？（**How**）

當你進一步去分析題目，很容易就能看出哪些部分是重點，哪些是這場報告裡聽眾最需要聽到的事。一一摘記下來，透過因果、對比或演繹等方式來重整次序，就能更清楚哪個重點要先說，哪個重點要放在後面。

2 自己當導演，決定演出劇本

不管是一個人，或者一個小組的報告，你可以把自己當作這場報告的導演和編劇，每個報告人都是演員，誰先上場？誰做什麼表演？都要先預作計畫，一再排練，才能確保演出順利。

在時間分配上，開場白或結尾的時間占比不能超過20%。也就是說，當的報告時間只有20分鐘時，開場加上結尾的時間絕對不能超過五分鐘，否則你的主題內容中的真正重點就可能說不完。你可以根據第一點「言之有序」的原則找出你的報告重點再透過以下的分配表來安排你的時間。多人報告時，你可以把人名也列上去。以樂欣這一組為例，你可以這樣安排：

簡報演出劇本　題目：__________

負責部分	時間	重點	投影片張數	負責人	特殊道具
開場	2分鐘	介紹組員與報告名稱	1	威力	海綿寶寶玩偶
主題一	3分鐘	解釋題目	2	威力	
主題二	7分鐘	說明實驗	3	曉晴	實驗道具
主題三	5分鐘	說明觀察結果	3	樂欣	
結尾	3分鐘	心得與結論	1	曉晴	

實際上臺之前，最好一起練習至少兩次，甚至連進場下臺的走位，都需要討論和練習，前一個人準備要結束時，下一個人要清楚哪一句話就是交接的暗示。

多人報告想要表現得好，重點在於，**三人上臺，就像是一人上臺；五人上臺也像是一人上臺**。要相信自己的隊友，報告得好是全部都好，團隊默契非常重要。三人越像一人，分數越高；五人越像一人，分數越高。

大家可以分頭準備自己的內容，但最後一定要聚在一起，跑過流程。

3 設定時間管理員

簡報最重要的，就是確實掌控時間，時間一到就得結束，特別在多人報告時。分配好時間以後，其中一人上臺報告時，其他人要在臺下幫他計時。

演講比賽的時候，評審通常會在時間剩下一分鐘的時候按一聲鈴，暗示演說者盡快結尾，而時間到的時候按兩聲鈴，演說者必須立刻終止。負責計時的人，不妨找一個暗號或手勢，時間一到就提醒臺上的人，大家說好一看到暗號就要盡快在十秒內小結，換下個人上場。如果你是一個人報告，你也可以找一位同學來當你的時間管理員，請他來幫你提醒時間。

暗號以臺上臺下雙方了解為原則，例如，左右手食指交互打圈，表示時間不多要加快節奏；兩手手掌攤開向下，表示放慢語速等等。

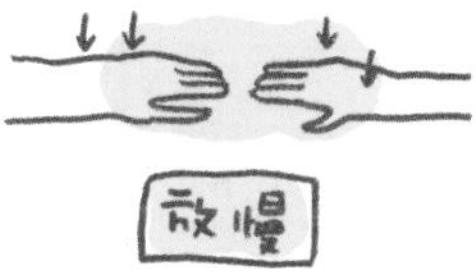

漂亮的結尾，完美的句點

雖然說在一份簡報中，結尾所占的時間並不多，但卻是這份報告能否讓人印象深刻的關鍵因素之一。

黑幼龍曾經指出，在溝通技巧中，有「三句話」的原則，第一句是「告訴他們你準備要告訴他們什麼」，第二句話是「告訴他們」，第三句話則是「告訴他們你已經告訴他們什麼了」。其中，第三個原則正是結語的功用。

當你發現重點已經說完了，或是時間已經快到了，就是你準備結尾的時機。概括來說，結尾可以是一段話，也可以是一句話，目的在於總結你前面所說的，呼應題目，讓聽眾知道他們今天聽你說了什麼，得到了什麼。

想要做出好結尾，你可以試試以下做法：

◆ **重複益處**：也就是把整場演說中最重要的重點，整理好，再說一次。

◆ **訴求崇高的動機**：把演說的目的陳述為願景，邀請聽眾一起參與。

◆ **提出挑戰**：讓聽眾對主講者的建議產生行動。

◆ **一段名言**：以名言金句呼籲聽眾，製造感動。

◆ **激勵聽眾**：讓聽眾產生信念，樂於行動。

◆ **訴求個人情感**：「讓我們像〇〇〇一樣……」使聽眾產生共鳴。

這裡要特別強調，善用金言佳句，可以做出強而有力的結尾；如果你的演說目的在於說服聽眾去進行某些行動，結尾的呼籲一旦奏效，往往可以帶來驚人的成果。

當美國總統歐巴馬在選舉前發表演說的時候，一句「Yes, We can.」一句「我們要改變！」就成功引起選民的共鳴，讓大家都把票投給他。

由此可見，好的結尾等於是為報告畫下一個完美的句點，讓聽眾聽完心中仍餘波蕩漾、印象深刻、難以忘懷。這就是口語表達的魅力與強大的說服力。

- 報告之前一定要先了解有多長的報告時間，才開始準備報告內容。
- 有多少時間說多少話，而不是內容多長就講多久。
- 安排好報告內容的重點與順序，上臺報告時要確實掌控時間。
- 可以請人在臺下計時，時間一到就打暗號通知。
- 多人報告時，一定要做好詳細規畫，事前要多次演練。

延展練習

1

想想看，當你分配到的時間太多或不夠用的時候，你可以用什麼樣的方法暗示同組的夥伴給你支援？

2

你曾經遇過哪些狀況，對你來說非常棘手？如果你的組員在臺上發生狀況，你們要如何相互支援？

痛點 6

如果有同學找碴怎麼辦？

報告時有人找碴好困擾，該怎麼化解突發狀況？

前情提要：曉晴等人在生物課上臺報告，卻因為威力用掉太多時間，曉晴不得不苦苦追趕進度……
接下來又要交給威力收尾……時間沒問題吧？已經超過五分鐘了。
後面還有要報告的組別，提醒一下同學要掌握時間唷。
又換我要上臺了……
嗨，大家想念的海綿寶寶又來囉！
……
窸窸窣窣
零零落落

哎呀，老梗啦！
之前玩過的又再出場一次，難怪大家沒有新鮮感……
……那麼，根據我們組剛才的報告，可以知道——
請問前一個人在報告什麼？講太快了我聽不懂！
對啊對啊
怪我咧……
爆青筋
聽不懂是嗎？
聽懂了沒？
穿腦
危險動作！請各位不要學喔。
那個……請先讓臺上的同學把結論說完，有問題等一下問。
好恐怖……

好的！結論部分我們可以看到這張表……
不久後，他們終於報告完畢了……
好！那麼同學們對這組做的實驗有什麼疑問嗎？
我有問題！
聽了你們剛才的報告，我有一個地方很不懂……
糟了！是模範生！
他的提問一向犀利無比！
答不出來的話被扣分怎麼辦？
聽了你們剛才的報告，我有一個地方很不懂……

根據你們的實驗，海綿寶寶的吸水力比較強還是派大星？
一天終於結束了……
都是你啦，沒事表演什麼海綿寶寶！
沒關係啦，至少大家聽得很愉快啊！
但是……如果以後報告的時候，又遇到同學找碴該怎麼辦呢？
最徹底的辦法就是滅口了。
住手啊！你的形象已經破壞殆盡了！
各位同學不要學唷！

報告時有人找碴怎麼辦？

試著想一想，如果你是威力，面對同學找碴你會怎麼做呢？

1. 嚴肅的請同學安靜，讓你把報告說完。

2. 對找碴的同學還以顏色。

3. 不理會找碴的同學，繼續把報告講完。

4. 幽自己一默，安撫同學，然後繼續講。

如果你選的是一，那麼同學不一定會聽你的，或許還會被你激怒，場面更加混亂。

如果你選的是二，很可能會跟同學上演一場唇槍舌戰，結局有可能是兩敗俱傷，你的報告也沒辦法好好講完！

如果你選的是三，那你得要有很好的定力，不過在一片吵嚷中，即使說完了，其它同學也無法好好聽講。

如果你選的是四，這是一個很棒又有風度的方法，但要怎麼做，才能適當的安撫找碴的同學，讓你的報告能夠順利進行呢？

為什麼聽眾會「找碴」？

在報告時，聽眾不按牌理出牌，總是讓報告者難以招架、措手不及；當場被問倒的場面，當然很尷尬。一般來說，什麼樣的情況會讓報告者覺得特別難應付呢？

- ☑ **說話突然被人打斷。**
- ☑ **與報告內容不相干的提問。**
- ☑ **過於私人或尖銳的提問。**
- ☑ **強烈的反對意見或為反對而反對。**
- ☑ **現場一片安靜。**

正所謂事出必有因，有因才有果，當聽眾給你出乎意料的回應時，生氣、暴怒、難過、委屈等等這些情緒在所難免；然而，只要你人還站在臺上，與其和聽眾衝突，把氣氛搞僵，不如先冷靜下來，想一想，為什麼聽眾會有這些反應出現？比較常見的是以下幾個原因：

◆聽眾沒有聽到想聽的

通常，大部分的聽眾在結尾提問的目的，都是想要更進一步了解你對於某個議題的意見。也就是說，他在剛剛的報告內容中，沒有聽到他想聽的，或是想要聽更多，這時候他就會舉起手，把他的問題提出來。如果聽眾的提問超過你的準備範圍，自然就不容易回答。

◆聽眾不認同你的意見

有些聽眾之所以舉手發言，並不見得想要提出什麼問題向你請教，而是想要表達他對於某一件事的看法與你不同。沒有人喜歡被批評或否定，所以面對突如其來的攻擊，或多或少都會覺得尷尬、狼狽。

◆聽眾聽得不耐煩、沒有耐性了

在聽眾出現喊叫或故意發出噪音時，很可能是因為聽眾對你的報告內容已經完全無耐性，一點也不想再聽下去了。他們會故意打斷你，或是製造聲響干擾你，面對這種情況，如何繼續下去？是很大的考驗。

◆聽眾對你所說的內容沒興趣或覺得無聊

如果你請臺下聽眾提出問題，結果現場一片靜默，或者沒人搭理你，每個人都在做自己的事；這顯示聽眾對你所說的內容沒什麼興趣，甚至覺得很無聊，不想再多討論，只想要你快點結束下臺。聽眾沒有任何問題，還有一個可能是因為他根本聽不懂你在說什麼，當然也就沒有辦法給你任何回應。

每一次登臺，都是一場考驗，能不能順利下臺，就看報告者如何發揮智慧去因應了。「鎮定」是最重要的因應原則，無論如何都不要在臺上露出慌張的神情或者憤怒、懊惱、傷心的情緒，以下提供幾個回應提問的策略，多加練習可以幫助你更輕鬆面對。

五大妙招，輕鬆應對突發狀況

1 仔細傾聽，重述對方的提問

首先，不管對方提出什麼樣的問題，都要先專注傾聽。如果手邊有紙筆，也可以把問題裡的關鍵字記錄下來，幫助自己理解問題，同時思考如何回答。

接下來，把對方所說的一長串問題加以整理，重述一遍，藉此向聽眾確認自己是否有誤解，答題的時候才不會「答非所問」，也可以利用重述的時間，在腦海裡構思等一下要怎麼回答。

如果聽眾的問題真的太過刁鑽、難以應付，也不用不懂裝懂，更不用馬上回答。舉個例子來說，當你在口試時被問到沒有準備的題目時，不妨自然且誠懇的回答：「關於這個問題，我還沒有答案，不過我很樂意回去查，再與您分享。」

又或者像是在班會時，遭到同學挑釁，問你：「你是我們班的班長，你要負責到底！」可是同學的要求並不是你所能決定的，也許你可以不卑不亢的回應：「謝謝你對我的倚重，我會向老師轉達同學的意見，不過最後的決定權還是在老師手上。」

當你遇到難題的時候，先把場面緩下來，也許大家可以會後再討論，或是把問題拋出去，聽聽其他的人有什麼看法。不確定或不曉得的事，最好不要現場馬上回覆，急著回答結果說錯了，反而不好。

回應的時候，可以運用「三明治回應法」，也就是先給正向肯定，然後再說反對的意見，最後保持彈性和討論的空間，給出你的意見。

2 不要預設立場

不管臺下聽眾有什麼樣的反應，我們演說的目的都不是要與聽眾為敵，越是尷尬或衝突的場面，越要保持風度和彼此尊重。有一個關鍵在於，不要先預設立場，假想聽眾是為了「找碴」才來聽你演說或簡報，當你能夠說出讓他們覺得有興趣的內容，他們就不會故意找你麻煩。別忘了，「聽眾在意的永遠是自己」，他們想知道可以從你身上得到什麼，想知道從你的談話中能聽到什麼對他們有幫助的事。

很多時候，危機真的是轉機，把場上的各種狀況淡化，保持專注在要說的內容，聽眾也不會一直執著在某一個問題上。卡內基有個技巧叫做「活在今天的方格中」，也就是專注於自己要做的事，而不是把重點放在跟演說內容無關的事情上。

保持正向的想法去看待發生的狀況，保持禮貌和尊重去給對方表達意見的空間，專注聆聽，適當的予以回應，相信大部分的情況都能和諧收場。

3 用友善尊重的態度

說服他人的時候，很重要的一點是態度。如果你能以友善和尊重的態度去傳達你的意見，對方往往也能夠冷靜下來理解你所想要傳遞的訊息。

衝突往往來自於各自堅持立場，彼此互信度不夠。如果能夠建立信任的談話環境，說服的成功率也會相對提高。

4 幽默的轉移話題

幽默感可說是口語表達的萬靈丹，能夠有效的化解尷尬，使得現場一片輕鬆、和樂融融。當笑聲迴盪在環境之中，許多劍拔弩張的緊張氣氛，也就消失不見，甚至那些讓你難堪、不想回答的話題，也就可以順利跳過。然而，要把幽默運用得當，需要高明的機智反應，因為玩笑開得不好，往往會適得其反，弄巧成拙。

假使，臺下的聽眾真的單純想來鬧場，我們也必須冷靜以對，因為真正需要我們認真去重視的，不是這百分之一的搗亂份子，而是其他百分之九十九想聽你說話的聽眾。當你誠懇處理了他的第一個問題，如果他還要再鬧，就可以不必要再理會。

不論發生什麼狀況，保持靈活與彈性，態度真實誠懇，才是建立良好印象、保持和諧關係的關鍵。

5 多準備一點備用內容

最後，當你的時間還剩下很多，而聽眾並不想提問或討論，這時，你可以把預先準備好的補充資料拿出來分享。就好像平白又多了幾分鐘發表的機會，剛好可以讓你把剛才說得不夠清楚的地方再多說一點，或是多舉一個例子或小故事來呼應題目，使聽眾印象更深刻。

很多人會害怕「停頓」或「空白」的時間，因為擔心不知道下一句要講什麼，不知不覺就會緊張起來。比方說，你說到一半，突然當機，一下子想不起接下來要說什麼，這時候也可以把備用的內容先拿出來應急，緩衝一下忘詞所造成的空白時間，保持鎮定的把話題繞回原來的主題。

平常多閱讀、多收集資料，不管是網路上流傳的故事或影片，書裡讀來的名人軼事或名言金句，還是生活中遇到的趣事或異聞，都可以分類記錄下來，藉由聊天的時候說給朋友聽等等方式自我演練，讓自己隨手就能聯結，在緊急時刻派上用場。

很多口語表達專家都有拿來豐富自我表達的備用內容，譬如王品台塑牛排總經理李森斌會隨身攜帶筆記本，用來記載每天的所見所思，也包括聽到的名言、好話。他甚至把管理大師彼得．杜拉克的管理名句製作成小卡片帶在身上，一有機會就拿出來讀。

而英文補教名師徐薇只要看到報紙或書上有不錯的句子和英語應用，就會剪貼或抄錄在可以隨身攜帶的小本子上，儲備開口的話題。像這樣的小本子她已經累積十幾本了。

觀察和學習是很好的方法，發現好的材料吸收起來，內化成自己的東西，可隨時運用。

如何與聽眾建立和諧的關係

- ◆表現出很榮幸能上臺分享，也可以把真誠的感謝說出來。
- ◆真心的讚賞聽眾，減少浮誇溢美的言詞。
- ◆提到幾位聽眾的名字，讓聽眾有被重視的感覺。
- ◆寧可降低自己，也不要高舉自己。
- ◆多說「我們」，少說「你們」。
- ◆盡量不要皺眉頭，少用譴責性的語言。
- ◆多說聽眾感興趣的事。
- ◆高高興興的講。
- ◆不要道歉。
- ◆虛心接受批評。

- 報告時遇到聽眾找碴，先別急著憤怒傷心，冷靜下來，想清楚對方為什麼會有這種反應，再找解決辦法。
- 聽眾提問時，要仔細聆聽，聽清楚對方問什麼，利用重述問題的機會，整理思緒謹慎回答。
- 真的太尖銳的問題，講者不一定要回答，可以微笑謝謝對方提問，再幽默的轉移話題，避重就輕的帶過。
- 多準備一點補充內容，備而不用，萬一臨時多出許多時間，可以拿出來與聽眾分享。

延展練習

1 換位思考，發生什麼樣的報告狀況會讓你想要找碴？為什麼？

2 找三個你覺得很高明的幽默小故事，把主人翁幽默的方式寫下來。

3 想一想，還有什麼方法可以四兩撥千金的應對突發狀況？

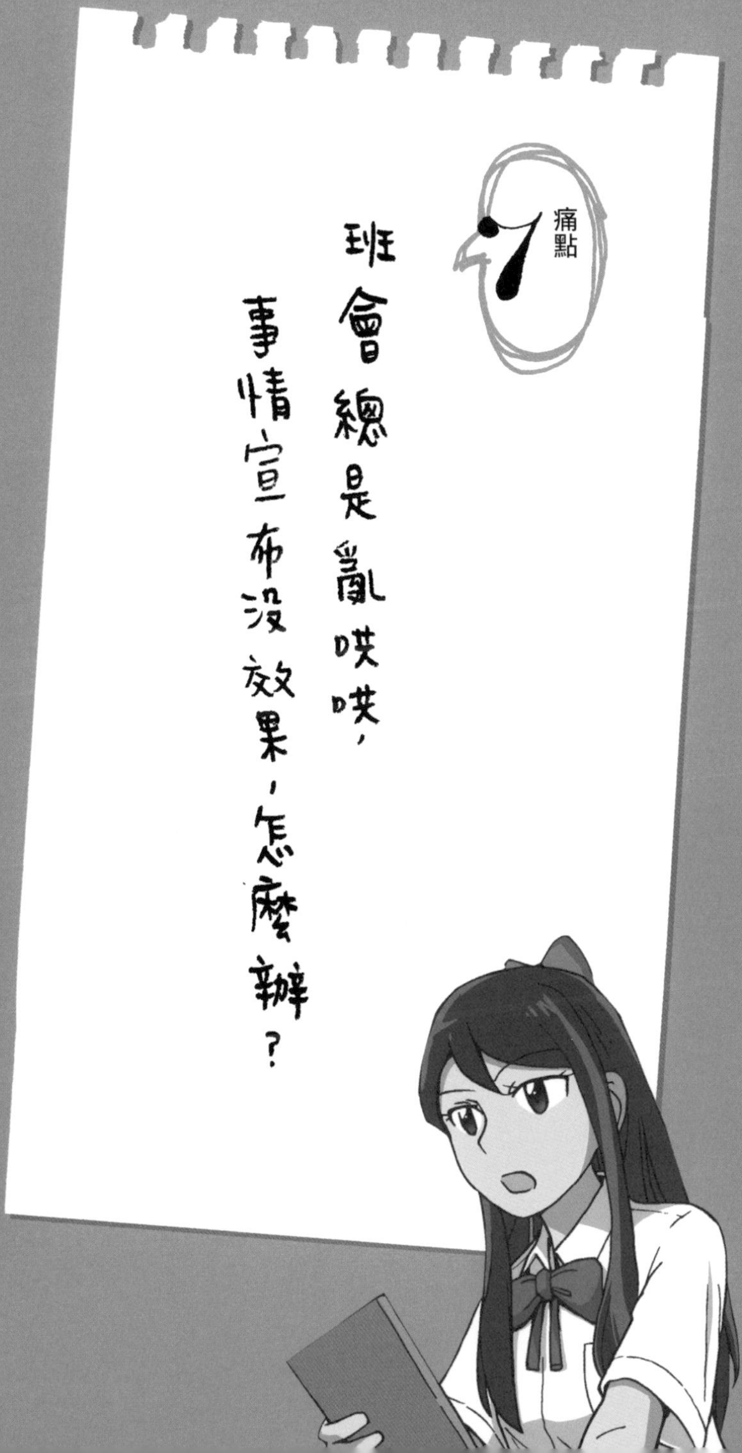
痛點
7
班會總是亂哄哄，
事情宣布沒效果，怎麼辦？

主持會議時，同學不是亂哄哄就是鴉雀無聲，如何順利帶動討論呢？

話說曉晴班上，每個禮拜的班會主席是由班上各幹部輪流擔任的。
第一週 班長
第二週 副班長
第三週 學藝股長
第九週 國文小老師
第十週 英文小老師
十一週
於是呢，這天……
班會開始。
一年B班
這週由我來擔任主席。首先宣布的是——
榮譽整潔比賽我們班成績不佳，所以……
下週三要再檢查一次，請同學認真打掃。
什麼—
不要啦——
都已經整理過了啊……還要再一次唷……
你看啦！一定是你的位置太髒被查到。
我的位置怎樣？明明是你偷吃東西還亂丟垃圾！
我掃完才會吃的，哪像你根本打掃都落跑？

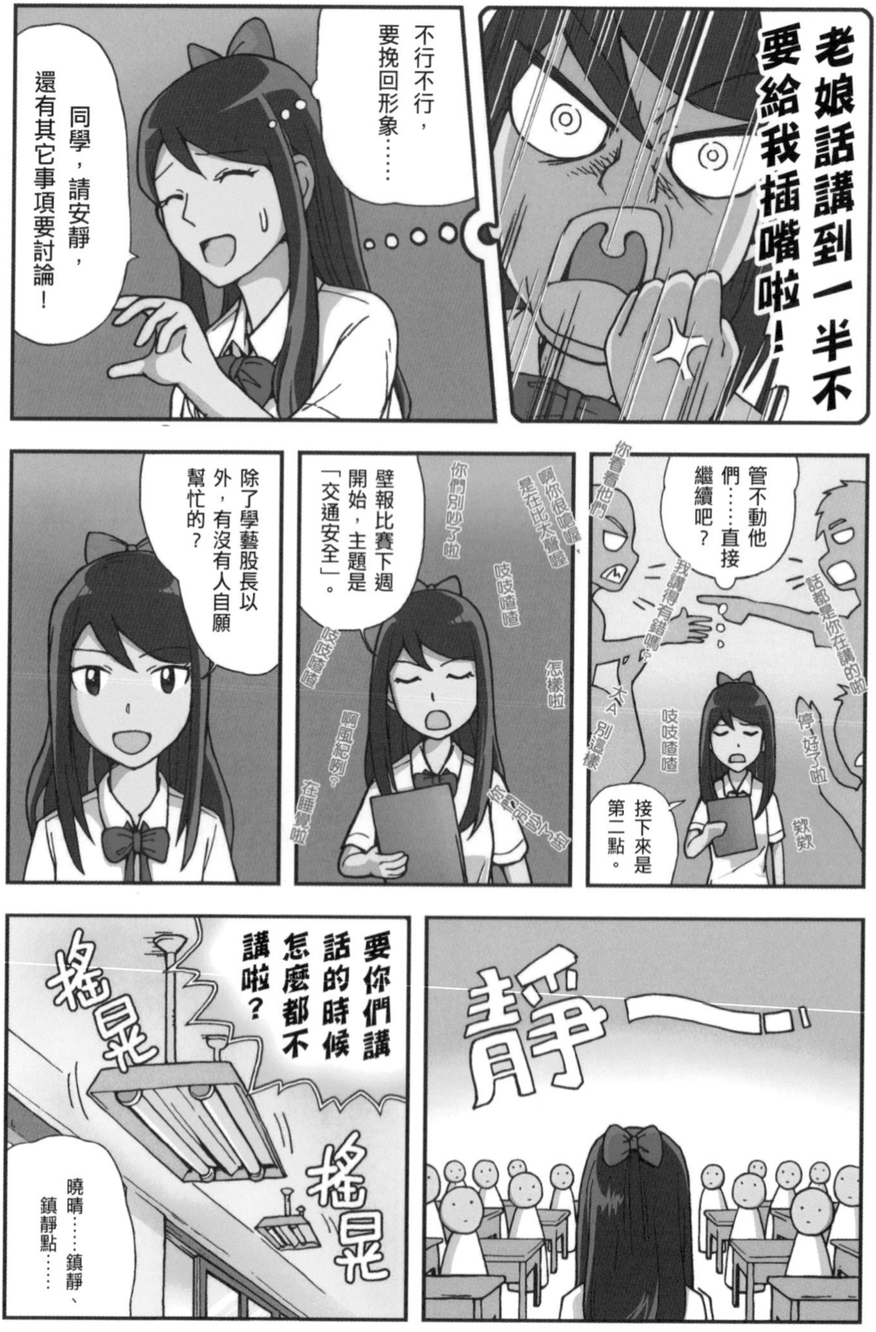

老娘話講到一半不要給我插嘴啦！
不行不行，要挽回形象……
同學，請安靜，還有其它事項要討論！
管不動他們……直接繼續吧？
你看看他們
話都是你在講的啦
我講得有錯嗎？
大A 別這樣
吱吱喳喳
停~好了啦
欸欸
接下來是第二點。
壁報比賽下週開始，主題是「交通安全」。
啊你很吵喔、是在比大聲喔
你們別吵了啦
吱吱喳喳
怎樣啦
吱吱喳喳
啊風紀咧？
在睡覺啦
除了學藝股長以外，有沒有人自願幫忙的？
靜——
要你們講話的時候怎麼都不講啦？
搖晃
搖晃
曉晴……鎮靜、鎮靜點……

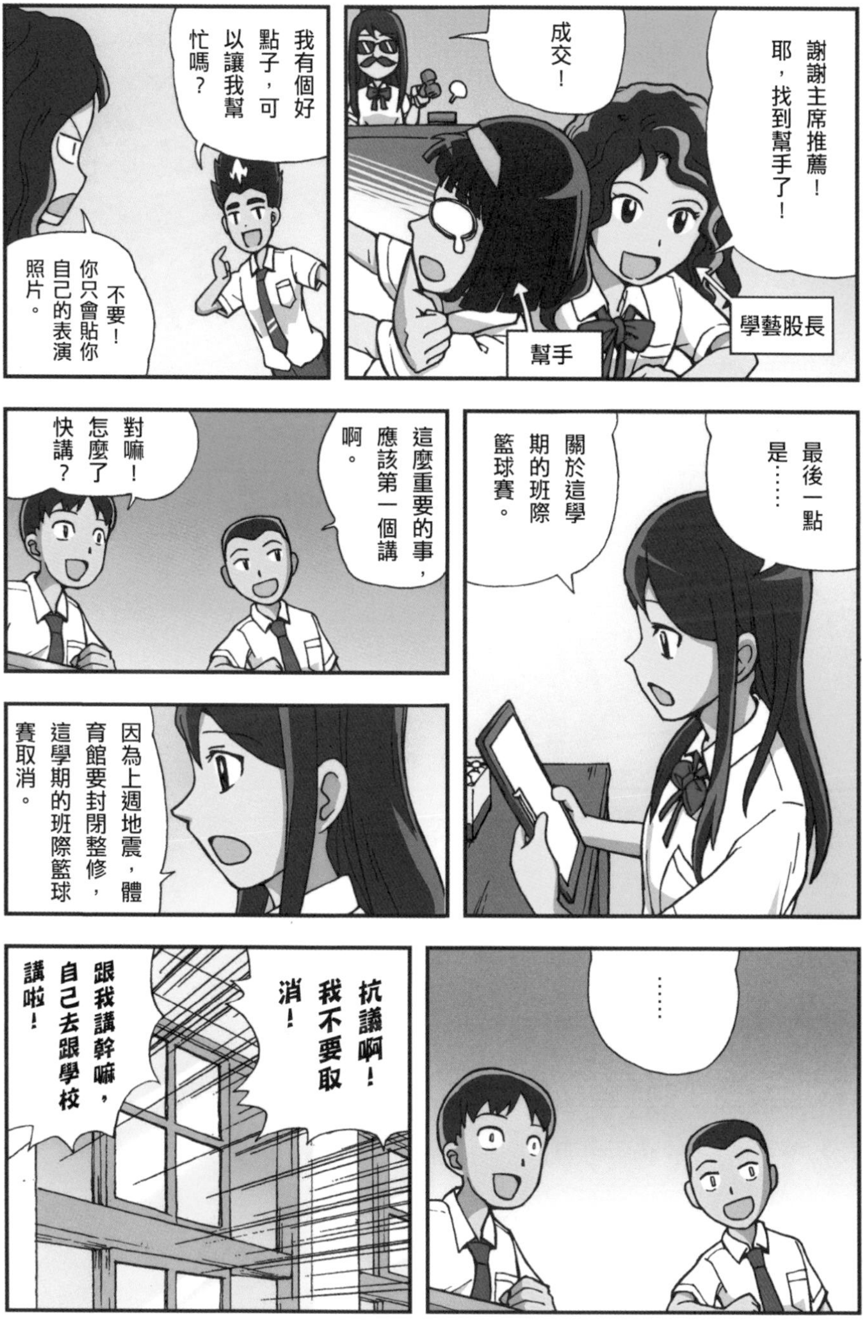
謝謝主席推薦！耶，找到幫手了！
成交！
學藝股長
幫手
我有個好點子，可以讓我幫忙嗎？
不要！你只會貼你自己的表演照片。
最後一點是……
關於這學期的班際籃球賽。
這麼重要的事，應該第一個講啊。
對嘛！怎麼了快講？
因為上週地震，體育館要封閉整修，這學期的班際籃球賽取消。
……
抗議啊！我不要取消！
跟我講幹嘛，自己去跟學校講啦！

對球賽期待的人
政府說要重視體育擺係假！
人生沒意義了……
要向A班報仇啊！
對球賽毫無興趣的人
累得要死不用再練習啦！
快哉此風
爽
你們什麼態度嘛！這種獨善其身的想法，都不知道團體榮譽四個字怎麼寫的嗎？
總之，以上！沒有臨時動議的話班會就結束。
不用打球也可以有團體榮譽啊！難道打破幾塊玻璃，摔斷幾條十字韌帶才算榮譽嗎？
又是吵吵鬧鬧的結束……班會一定非要這樣不可嗎？
哈哈，這樣很好啊！這樣的班會才熱鬧啊！
……你腦袋壞掉嗎？
什麼話，越吵感情才會越好啊。
……這也太樂觀了吧？

如果你是會議主席，你會怎麼做？

先讓我們來看一看曉晴遭遇到什麼狀況？首先，同學討論得太熱烈，你一言我一語的完全停不下來，議題無法進行。接著，需要討論的時候又鴉雀無聲，最後，不需要討論的時候大家又吵鬧干擾會議。

如果你是曉晴，你會怎麼做？

1. 大叫、拍桌子制止同學吵鬧。

2. 在講臺上不發一語，等同學吵完。

3. 尋求老師的協助，幫助會議回到正軌。

如果你選的是一，那麼曉晴已經示範過了，你要花很大的力氣，喊破喉嚨才有可能制止同學，有時候還可能會引發爭執。

如果你選的是二，那麼會議的時間就會被拖長，沒完沒了的吵鬧，也會引來其它認真開會的同學不滿。

如果你選的是三，這可以說是一個比較快速的方法，但是開班會輪流當主席，就是要訓練大家的領導力，凡是都依賴老師，這樣你就會失去學習的機會囉。

會議主持並非單方面的講，也不是一股腦的聽，而是要適時的引導，讓更多人清楚表達。那麼，你知道擔任一個會議的主席需要注意那些事情？要怎麼做才能讓會議有效且有效率的進行下去呢？

為什麼主席的角色很重要？

「主席」是主持會議進行並維持秩序的人。主席控制秩序得當，會議才能順利進行。擔任主席的人，最重要的工作在於怎麼樣讓會議順利進行下去。

在自由民主的社會裡，每個人都有發表自己意見的權利。然而，如果每個人都同時大聲說話，相信根本沒有任何人聽得清楚任何話，只會聽到一陣隆隆作響的鼓噪聲。

所以，需要主席這個角色存在，確實的主持議程、掌控時間，一方面讓討論熱絡，激發創意，另一方面也控制現場秩序，避免爆發衝突。

當你負責擔任會議主席時，你有幾項主要任務：

◆掌握會議方向，提出問題，引導同學參與討論、鼓勵發言。

◆當討論陸續出現結論時，主席應就結論小結，確認大家的意思，如無疑義，則可記錄在會議報告中。

◆掌控會議時間，不要讓同一個人發言太久，也不要在同一個議題上花費太多時間。

◆當雙方爭辯可能引發衝突時，主席要適時介入，使雙方冷靜下來，回歸議題討論。

◆會議討論出現分歧時，由主席匯整各方意見，進行表決或投票。

◆總結會議結果，如果需要也可以定出下次會議的時間與議題。

人與人之間的溝通，很多時候都得在會議裡進行，如果每個人都具備參與會議和主持會議的能力，能夠充分的投入議程，看情況發表自己的意見，對自己的承諾負起責任，一定能透過會議解決更多難題。

關鍵八招，讓你第一次當主席就上手

1 先做功課，避免冷場

由於主席必須帶領同學討論，如果主席自己對於議題內容都一概不知，就難以融入討論，也無法帶領同學們提出意見和想法。所以，主席可以事先針對議題稍作整理，預作準備，如此一來會議就不會開天窗了。

2 主席報告就像一場三分鐘短講

通常開班會的時候，主席有一項重要工作就是宣布幾項同學需要注意的事項，同時也要配合今天要討論的主要議題，告訴大家等一下班會的重點和主題是什麼。

這些訊息乍看之下拉拉雜雜，但是只要把這段主席報告的時間當成一場三分鐘迷你演說的時間，就可以運用「開場↓主題↓結尾」的演說結構把資料訊息匯整起來，說得一清二楚，讓同學們聽得明明白白。

3 鼓勵同學多發言

如果同學們都沒有反應，主席可以點名問問題，請同學回答，再就同學的說法，請其他同學回應。如果有人喜歡打斷別人的話，主席可以說：「讓我們先聽完A同學怎麼說，等一下再詢問你的意見，好嗎？等他講完，就可以聽你說。」讓每個人都有發言的機會與時間。

4 專注傾聽同學發言

同學發言時，主席必須保持專注，專心傾聽，等同學發言後，先簡單小結同學的意見，再邀請另一人發言。不過有一件事要小心，主席並不是老師，而是帶領議題討論的人，所以立場最好保持中立，以陳述同學發表的意見為先。

在主持會議的時候，讚美跟肯定很重要，既可以鼓勵發言、帶起熱烈討論；也能有效控制議程，避免爭論發生。每個人都很重視自己的意見，也希望自己的意見受到重視，所以當主席能予以發言人尊重和肯定時，發言人也會看在主席的面子上，不會隨意鬧事。

當然，主席自己絕對不能意氣用事，不管今天大家提出什麼樣的反對意見，都不是針對主席而是針對議題，主席要能扮演好中立仲裁者的角色。

5 嚴格控管發言時間

不要讓同一個人抓著麥克風不放，主席最好隨時留意時間，如果同一個人說太久，就要適時切入，打斷談話，把時間讓給其他人。如果同一個議題爭論太久、僵持不下，或是討論得太熱烈、欲罷不能，這時主席也要站出來，提醒大家要進入下一段議程。超出本次班會討論議題的內容，可以放到臨時動議討論，或是排入下一次班會當作主題。

6 事先沙盤推演、預作準備

把討論放在議程上，是主席的責任；比較好的做法，是在班會之前先假設大家都樂於參與討論，同時也先想想看針對某個議題，哪些同學會容易提出反對意見，而他們又可能會提出什麼樣的意見。預先做好準備，不管現場發什麼狀況，都不會讓你慌了手腳。

7 眼觀四面、耳聽八方

同學發言時，主席要時時保持注意力，觀察現場狀況，好在問題還不嚴重之前，提早準備，減少紛爭。

如果有人一直聊天，完全不理會討論，主席可以趁機叫那個人的名字，然後詢問他對正在討論的事情有什麼看法。

8 及時拿回發言權

當發現有人已經漸漸提高嗓門，執著自己的論點，甚至到了吼叫的狀況；或是有態度過於堅持，用力敲打桌面等動作；語氣譏諷，意圖引發對方不快，甚至人身攻擊等等狀況時，一定要及早處理。

比方：放大的你聲量，說：「大家聽我說！」如果對方還要再爭辯，則要快速接下去說：「我知道你還有意見要表達，但是你先聽我說……」一旦衝突或爭論發生，主席要能及時奪回發言權，限制爭論雙方繼續激辯。

你可以運用以下的幾個方式：

◆ **說出具體要求**

場面失控確實很惱人，只有不斷大叫「安靜！安靜！」似乎不見得有太大的作用。事實上不是喊「安靜！」沒有用，而是你必須接著說出你希望別人怎麼做。比方說：「安靜！（加大聲量）請大家聽——說！」或是「安靜！好，我們剛剛得到三個方案，我們先來表決……」之類的，利用堅定而明確的語句，重新抓回同學的注意力，讓他們把焦點放在下一件事上，議程就可以繼續下去。

主席拿回發言權以後，可以先分別陳述爭論雙方的意見，然後請其他同學回應，目的在於把話題導回討論議題，而不是流於情緒發言。假使衝突越演越烈，主席也有權暫停這項討論，直接進入下一個議題。

◆ **尋求老師的協助**

假使場面實在無法控制，寧可提早散會，把主控權交還給老師，也不要放任爭吵繼續下去。

參加會議也是練習口語表達的好機會

雖然不一定有擔任主席的機會，但是積極參與會議、舉手發言或臨時動議提案也一樣是很好的口語練習。

◆ **注意聽**：充分了解討論的內容，注意聽別人怎麼說，是很重要的開始。

◆ **舉手表達意見**：獲得主席或主持人的許可後發言，由於時間很短暫，可以先在心裡擬好草稿。

◆ **事先準備提案材料**：在會議開始前，向主席表達有提案的想法，等到臨時動議的時間，就可以直接發表意見或陳述想討論的議題內容。

- 主席的工作就是要掌控會議秩序，確保會議順利進行。
- 開班會的時候，主席報告的時間，可運用「開場→主題→結尾」的演說結構，讓同學知道今天班會要討論的重點是什麼。
- 討論時，主席應多引導同學發言、發表意見，自己則盡量立場保持中立。會議過程主席要時時保持注意，適時介入，減少衝突發生。
- 想要控制吵雜的場面，不要只喊「安靜！」兩個字，而是要接著說出具體要求，才能奪回大家的注意力。
- 在會議上清楚發言，也是練習口語表達的絕佳機會。

延展練習

1. 試著擬一段由你擔任班會主席時的主席發言講稿。

2. 你曾看過很稱職的主席嗎？是在什麼場合？他的主持有什麼優點？

3. 你有遭遇過失控的班會場面嗎？為什麼失控？最後怎麼解決？如果你是該次會議的主席，你會怎麼做？

痛點 8

我在臺上報告，臺下都沒有在聽怎麼辦？

臺上講得口沫橫飛，臺下卻呵欠連連，如何抓住聽眾目光呢？

老師，我要參加！
交給我吧！因為成為出色的藝人一直是我是我的目標，我可以表演單口相聲！
喔，林威力同學嗎？
討論：校慶表演活動
老師知道你很有表演的熱忱與天分……
自我介紹
餘悸猶存
慢著，萬一他又沉醉在表演當中……
渾然忘我
楊老師啊！你班上同學連時間都不會控制！
校長
不行！
什麼？

我是說……呃，你應該先找些觀眾來練習、觀察反應，這樣才是專業的表現……
沒關係，老師我知道你在擔心什麼……
於是，數天後……
歡迎你們兩位啊！
好久沒來玩了呢，曉晴！
威力的媽媽
對啊，平常我們家威力承蒙照顧囉。
威力的爸爸
謝謝林爸爸林媽媽！其實我和樂欣也幫不上什麼，當聽眾而已嘛。
你說樂欣也……但是怎麼沒看到她人？
林哥哥……午……午安……
喔，是樂欣妹妹，好久不見。
威力的哥哥
什麼時候滑過去那邊的？
咻

那麼，威力的超級個人秀，馬上開始了！
啪
啪
啪
啪
啪
……那個誕生的小孩叫做阿達……
都是那些橋段嘛，早就聽過了。
……眾人一聽都說他吹牛……
視線
Bi…
「這可巧了!!這事就包在我身上吧！」
憋住打呵欠

「欸，您別挨罵了！」
……對著他說……
呵欠
耶！破關了。
……
欸是，您好您好，有事嗎？
大家要不要吃水果？
ZZ
視線s
……你們到底有沒有在聽我說嘛？
啊？什麼？結束了嗎？
啪
啪
啪
啪
啪
啪
這種反應，好像相當不妙呢……

威力的演說出了什麼問題？

當你像威力一樣，開始不怕上臺，也樂於表現，有把握自己在臺上能如魚得水；乍看之下好像什麼問題都解決了，其實還有一個難關有待克服，那就是如何讓觀眾投入你的演說中。

讓我們透過聽眾的反應，來分析一下威力的問題出在哪裡。

曉晴——覺得枯燥無聊，笑點不好笑。

樂欣——不專心，可能是內容不吸引她。

威力哥哥——表演內容都看過了，沒有創新。

威力父母——不是主要的觀眾，勉強配合演出。

這些問題可能是威力在準備表演時從未想過的，通常在準備報告時，我們很容易忽略觀眾的需求，放置一些自己覺得好笑的內容，卻不一定能引起觀眾的共鳴。那麼，你知道要怎麼做才能抓住觀眾的目光嗎？

Why 為什麼觀眾無法投入你的報告？

演說兩個字，拆開來就是「演」和「說」，當你能透過口說和肢體語言去傳達內在的想法時，你只成功了一半。

想想看，如果今天表演者在臺上演得轟轟烈烈，結果臺下小貓兩、三隻，或是聽眾全睡成一片，甚至根本沒在聽都在做自己的事，表演者就算對自己信心滿滿，面對這樣的結果真的會滿意嗎？

一個報告或者表演無法吸引觀眾時，通常有以下幾個情形：

☑ **內容沒有新意或枯燥乏味。**

☑ **方向不對，不符合觀眾期待。**

☑ **報告方式平版，令人昏昏欲睡。**

口語表達專家黑幼龍曾說：「在演講的過程中，難免會遇到一些比較尷尬的場面，其一是臺下的聽眾在睡覺，其二是聽眾在講手機，或是彼此交談。」

由此可見，想要完成一場精采的演說或報告，最重要的莫過於要能得到眼前這些聽眾的配合。抓住聽眾的目光並不難，只要你學會一些小技巧。

關鍵八招，緊緊抓住聽眾目光

1 分析聽眾

不管你今天演說或簡報的目的是為了「說服」、「告知」、「激勵」、「娛樂」或「感動」，首先，搞清楚要聽你說話的人是誰？演說的目的是什麼？分析聽眾能幫助你尋找到最好的表達方式。希臘哲學家亞里斯多德就曾經說過：「思考時，要像智者；講話時，要像普通人。」也就是說，**說出聽眾想聽的**、**能產生興趣的**，才能讓聽眾把注意力放到你身上，專心聽你講、看你表演。

想要有一場完美的演說或簡報，你要先遵守以下的黃金守則：

◆**考量聽眾的程度**。

◆**顧及聽眾的興趣**。

◆**運用說故事的力量**。

◆**與聽眾互動**。

2 好的開場是成功的一半

世界知名演說家戴爾．卡內基說過：「讓你講的第一句話便吸引住聽眾的興趣。不是第二句，也不是第三句，而是第一句。」

你可以運用以下策略，在一開場時就抓住聽眾的注意力。

◆**運用驚人之語**：例如：「富蘭克林說：『一個今天，勝過兩個明天！』各位同學，今天我想要跟大家分享時間管理的重要性。」

◆**問問題**：例如：「各位同學，你們知道美國總統選舉時，尼克森之所以輸給甘迺迪的原因是什麼嗎？」答案就是口語表達的技巧。

◆**懸疑開場**：可以和聽眾互動玩個小遊戲，讓他們好奇你接下來想要做什麼。例如：高舉右手，說：「各位同學，請你們把右手借給我！」等到同學們都舉起手以後，再說：「昨天晚上十點以前就睡覺的同學，請把手放下。」遊戲結束時立刻帶入主題，「今天，我想跟大家分享的是，為什麼充足睡眠對我們很重要……」

◆**透過讚美建立和諧氣氛**：例如：「很高興今天能夠來到這一所在我心中排行第一名的學校……」或是「一直以來我都夢想能夠成為一名棒球投手，我聽說〇〇國中的棒球校隊是培育臺灣棒球投手的搖籃……」

◆**戲劇化的事件**：運用聽眾易關注的話題與事件尋求共鳴，例如：「同學們如果大家關注體育消息，一定知道這個禮拜最令人感動的話題就是今年奧運代表隊奪得了史上最多面獎牌的好成績……」

3 多說故事、多舉例

多講自己喜歡、有感覺的內容，說起來才會深刻動人。口語表達專家黑幼龍就一再強調：「一個好的故事，可以讓一個抽象的道理變得生動有趣。」善用故事的力量，可以讓你的主題內容不再生澀乏味。

想要說一個好故事，可以運用以下方式來幫助你：

- **以自己的親身經驗出發。**
- **融入「時間」、「人物」、「地點」、「經過」和「結果」。**
- **提供聽眾一個可以採取具體行動的建議。**
- **清楚強調當聽眾採取建議行動後可以得到的益處。**
- **成功的關鍵在於說話時生動有活力、音調富變化。**
- **說明行動時要具體可行，說明益處時要廣泛好用。**

比方說你要說的題目是「我的學校」，也許你可以說：「我們學校一走進大門口，就會看見兩排林蔭大道。夏天的時候，樹上會停了很多蟬，蟬叫聲一聲連著一聲，讓人覺得『哇！這個學校好熱鬧。』再往裡面走，中庭裡有個圓環，那是我們利用課餘時間，三五好友聊天的好去處。我最喜歡的是我們學校的操場，一下課，大部分的同學都會直奔操場，我最常去的地方就是籃球場，雖然短短十分鐘，我們也可以隨時來一場三對三鬥牛……」運用描述的方式，讓你說話的內容產生畫面，使聽眾彷彿看到、聽到、聞到、摸到，與你一起融入情境。

趣味的故事和幽默的笑話，就像菜餚上的蔥花、香菜，用來點綴，別有一番滋味。越是生硬、艱澀、難懂的內容，越要多舉例、多說故事，才容易讓聽眾理解。如果你要說的內容比較生硬或是枯燥乏味，將內容分段之後，在段落與段落之間，以說故事的方式，插入一則小案例，或是說一小段笑話來呼應前後文，聽眾哈哈大笑之際，會對你想說的內容更加有興趣。

4 簡報時，站在哪裡有關係

當你的演說或簡報需要搭配PPT投影片時，你的位置安排對於聽眾來說，有很大的影響。以下狀況最好避免：

◆ **演說時沒有站在大螢幕旁邊，而是坐在聽眾的正對面。**

當主講者和投影片的螢幕距離很遠的時候，聽眾會不知道該看講者還是看螢幕。

◆ **主講人看著螢幕講，或是剛好站在螢幕的正前方。**

要記住，投影片的內容是給聽眾看的，不是主講者看的。主講者看著螢幕說話，等於是背對著聽眾，無法照顧到聽眾的反應。如果主講者站在螢幕的正前方，投影的光線往往剛好會照在主講者身上，不只干擾投影片閱讀，也會影響主講者和聽眾互動的視線。

◆ **除了座談以外，絕對不要坐著講。**

站著比坐著好，坐著講的話，不論表情或肢體語言都很容易鬆懈。無法展現熱忱。同樣一句話，站著講比坐著講可以更容易把聲音傳遞出去。

◆ **主講人低頭操作電腦或機器，完全不管聽眾。**

要記住一個重點，你所說的內容比投影片上的內容還要重要，所以，不要太過於專注投影片的操作，可以運用搖控器或是請別人幫忙操作，讓自己更專注在口語上的說明。

5 利用手勢動作或聲調變化引起注意

課業型的報告裡，如果突然加一句「這裡要注意喔，考試保證會考！」煞有其事的模樣，也可以把聽眾的眼睛和耳朵抓過來。

說話時，配合一些手勢或動作，也可以帶給聽眾比較強烈的印象。

除了適時添加手勢之外，適度的移動位置，或是走下臺與聽眾互動，也是很好吸引聽眾注意的方法。只要時間不要太長或是動作太過頻繁，巧妙的回到臺上並且把話題帶回主題，都是為演說增色的聰明技巧。

6 少自誇，盡量引起共鳴

通常聽眾不愛聽演講者滔滔不絕的一味說著自己的事，只有一種跟講者有關的事是聽眾喜歡聽的，就是演講者講自己發生的糗事或失敗經驗，這比講者不斷誇耀自己的成功，更能夠引起注意。

當然，並不是一股腦的自貶或是胡亂開玩笑，而是在一連串嚴肅議題當中，加入一小段輕鬆活潑的元素，可以營造出富有變化的節奏，不至於讓聽眾因為無聊而分心。

「分享」是良好口語表達的基本態度，不管你要說的內容是什麼，高壓強勢的說法，絕對比不上真心誠懇的分享能夠打動人心。

7 隨時觀察留意聽眾的反應

有些人為了配合投影片放映，總是在黑暗中報告；然而，比較好的報告環境，是光線照明良好的空間。一來，聽眾不會因為昏暗的燈光引發睡意，二來，你也可以直接透過聽眾的表情、眼神，了解聽眾是否理解你所說的內容。如果聽眾有下圖的這些狀況，那表示他們已經心不在焉，恐怕已經沒在聽你說話了。

當你覺察到聽眾已經有上述動作發生，想想看，到底聽眾真正想聽什麼？趕快微調你的做法，看是要加快說明的節奏，還是要舉幾個聽眾會感興趣的案例，如果時間充裕的話，甚至可以問聽眾問題，或是讓聽眾之間做一小段小組討論，重新抓住聽眾的注意力，為你和聽眾之間製造連結、產生互動；總之不要自己一個人在臺上high，而讓聽眾在臺下呵欠連連。

適時製造臺上和臺下互動的機會，不只能夠與聽眾打成一片，建立氣氛活潑的連結，也可以讓聽眾對於你的演說內容，給予直接的回饋。

8 掌握說話三S原則

想要創造魅力演說，可以參考以下三S原則：

◆ **簡潔 SIMPLE**：運用簡潔的語句，清楚述說自己熟悉且確信的內容。

◆ **節奏感 SPEED**：以富有節奏感的說話方式，鋪陳語句裡的情緒起伏。讓聽眾覺得你話中有畫，他們聽了也能感同身受。

◆**自信 SELF-CONFIDENT**：感動別人之前先感動自己，說出來的話就會有力道，也能展現出自己對發表內容的信心。

不要態度輕慢的說笑話，不要動不動就道歉，不要說一堆陳腔爛調或大家早就聽過而你卻不能提出新意的案例。

如果你希望讓聽眾有感覺、記得住的內容，就要特別掌握兩個重點，一個是堅定，一個是慢。

善用「停頓、間隔、強調」的原則，慢慢說，態度堅定的說，一個字一個字說清楚，聽眾更能理解你這麼說的用意。

9 展現良好口語表達的關鍵

想要提升口語表達能力，可以多多練習以下幾個關鍵技巧：

- ◆ 講重點
- ◆ 不要寫講稿
- ◆ 不要背講稿，要用自己的話說
- ◆ 運用證據支持你的論點
- ◆ 對於題材的了解要比你所要講的還多
- ◆ 多與朋友談話練習你的演說
- ◆ 在適當的時機運用視覺輔助教材
- ◆ 控制反胃的方式：一、深呼吸；二、自我打氣；三、帶領聽眾做活動
- ◆ 做自己，不要模仿他人

多聽好的演說和演講，就算覺得某個人的演說或口頭報告表現得不好，也不要浪費時間抱怨無聊或放空，不如思考看看，換成自己會怎麼說、怎麼樣可以更吸引人。從生活中尋找良師益友，學習他們的長處，分析專業演說之所以動人的因素，都是提升自我能力的好方法。

大量閱讀、多看書、多看電影，遇到任何覺得有趣的素材就記錄下來。口袋裡的好用資訊多，說起話來就不會詞窮，話題也能源源不絕。

你的時間花在哪裡，你的成就將那裡。平常多用功、多準備、多練習，只要有上台發言的機會就好好把握、好好表現，長久下來必然能夠讓口語表達能力有所提升，而且越磨越靈光。

看不見觀眾的演說或報告

拍影片上傳 youtube 或社群媒體，是現在很流行的一種表達形式；或以線上直播、會議的方式報告，也越來越常見了。現場沒有觀眾的時候，有什麼需要留意的呢？

◆**拍攝影片**：過程中不會有觀眾干擾，就算說錯了也可以重來，不必太焦慮。不過事先有沒有做好企畫和設計腳本，是否熟悉流程和設備，都會影響影片拍攝出來的結果喔！

◆**直播報告或表演**：觀眾可以線上留言互動，容易把握觀眾喜好、引導話題增加熱度，但也更需要臨場反應的能力，才能因應現場的突發狀況。

◆**線上會議**：與現場會議一樣會有主持人來控制議程，事先做好準備，確認自己的麥克風等設備都沒問題，發言時就不會手忙腳亂了。

- 要完成一場精采的演說或報告，一定需要聽眾的配合。
- 分析你的聽眾，知道聽眾心中真正想聽的是什麼，你才能投其所好。
- 時時留意聽眾的反應和表情，如果發現聽眾已經心不在焉，盡快找出問題根源，重新建立連結。千萬不要一個人在臺上說得高興，臺下聽眾呵欠連連。
- 簡潔的語句、富有節奏感的說話方式，加上自信的態度，就能打造出有影響力的演說魅力。
- 平時大量閱讀，盡量爭取發表機會，多練習、多準備，選擇適合自己的方式，打造出獨一無二的個人口語表達風格。

延展練習

1

為自己找一本金句收集冊，隨時記下自己覺得很棒的句子。

2

找出自己在口語表達上的弱點，想一想，可以怎麼將這個點轉化成個人特色？

3

為了提升自我表達力，你試過哪些妙招？效果如何？

第3章

情境習作

遊戲規則：你有十分鐘的準備時間，請從以下十五個題目中選出一個，依據「開場白→主題→結尾」的組織架構進行三分鐘即席短講，時間分配如左，請於空白處寫下各分段重點綱要。

任選一個題目

1. 電腦與我（或是　新聞與我）
2. 打開一本好書
3. 我們只有一個地球
4. 我最難忘的事
5. 我最喜歡的歷史人物
6. 一句話的鼓勵
7. 感恩的心
8. 我最喜歡的節日
9. 做自己的主人
10. 分享所帶來的快樂
11. 我的好朋友
12. 停電的時候
13. 我做了一件好事
14. 印象最深刻的電影
15. 我對________的看法

MEMO 小抄

· 15 秒（題目 + 開場白）：

· 1 分 45 秒（主題內容）：

· 30 秒（總結 + 結尾語）：

2

試著將前面練習的三分鐘短講練習，擴充為十分鐘的報告，試著利用以下的表格為這份十分鐘的報告，編寫簡報檔劇本。

簡報演出劇本：

負責部分	時間	重點	投影片張數	負責人	特殊道具
開場	分鐘				
主題一	分鐘				
主題二	分鐘				
主題三	分鐘				
結尾	分鐘				

小故事收集本

小故事：

可以運用在

小故事：

可以運用在

請收集兩個跟這個十分鐘簡報有關的小故事，寫下來，
並想一想這些小故事可以運用在什麼地方？

3 金句百寶袋

- 口才的力量萬夫莫敵，它比任何東西都有能力統治這個世界。——教宗庇護二世（Pope Pius II）
- 求知若渴，虛心若愚。——賈伯斯
- 心之所趨，即是快樂。——伊朗俗諺
- 走自己的路！讓世人去說長道短。——但丁
- 如果命運給我檸檬，不如就做成檸檬水吧！——戴爾・卡內基
- 所謂失敗，是要用更好的方法來再度挑戰更好的機會——亨利・福特
- 要往哪兒走，是要看你想到哪裡去。——路易斯・卡洛爾
- 我們的信念是不停燃燒的燈火。這不僅僅帶給我們光明，也照亮了周遭。——甘地

名人名言金句，就跟小故事、幽默笑話一樣，平時聽到了就記下來，臨場需要時，隨手拈來就能運用，這裡先為你收集了二十句，你也可以利用空白處隨時做筆記，讓你的百寶袋越來越豐富喔！

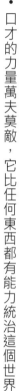

• 為何你只相信別人的看法而不用自己的眼睛去觀察？——伽利略

• 鐵太久沒用就會生鏽，清水會滋生細菌或在寒冬中結冰，而才能沒有發揮就會失去。——李奧納多・達芬奇

• 無論哪一件事，只要從頭到尾澈底做成功，便是大事。——孫中山

• 天下事，壞于懶與私。——朱熹

• 愛人者，人恆愛之。敬人者，人恆敬之。——孟子

• 無論如何，人言而無信，便一錢不值。——曾國藩

• 欲速，則不達，見小利，則大事不成。——論語

• 時時保有慈悲心，處處關懷別人，就能夠消除恐懼的情緒。——達賴喇嘛

• 想擊中球，你必須不斷揮棒。——貝比・魯斯

• 原諒別人，就是善待自己。——靜思語

• 生活沒有目標，就像航海沒有指南針。——大仲馬

• 無論多麼不重要的一件事，只要樂在其中，都會獲益無窮。——達爾文

寫下你的金句……

13 歲就開始❸

給中學生的 口語表達術

一輩子都要擁有的口語表達力，現在開始學習！

作　　者｜游嘉惠
繪　　者｜咖哩東
插　　畫｜水腦
協力指導｜卡內基訓練

責任編輯｜張玉蓉
特約編輯｜游嘉惠
封面設計｜陳宛昀
行銷企劃｜王予農、林思妤

天下雜誌群創辦人｜殷允芃
董事長兼執行長｜何琦瑜
媒體暨產品事業群
總 經 理｜游玉雪　副總經理｜林彥傑
總 編 輯｜林欣靜　行銷總監｜林育菁
主　　編｜楊琇珊　版權主任｜何晨瑋、黃微真

出版者｜親子天下股份有限公司
地址｜台北市 104 建國北路一段 96 號 4 樓
電話｜（02）2509-2800　傳真｜（02）2509-2462
網址｜ www.parenting.com.tw
讀者服務專線｜（02）2662-0332　週一～週五：09:00~17:30
讀者服務傳真｜（02）2662-6048
客服信箱｜ parenting@cw.com.tw

法律顧問｜台英國際商務法律事務所．羅明通律師
製版印刷｜中原造像股份有限公司
總經銷｜大和圖書有限公司　電話：（02）8990-2588

出版日期｜ 2013 年 5 月第一版第一次印行
　　　　　2022 年 8 月第二版第一次印行
　　　　　2024 年 3 月第二版第五次印行
定　　價｜ 380 元
書　　號｜ BKKKC208P
I S B N ｜ 978-626-305-256-7（平裝）

國家圖書館出版品預行編目(CIP)資料

給中學生的口語表達術：一輩子都要擁有的口語表達力,從現在開始學習！／游嘉惠文；咖哩東漫畫. -- 第二版. -- 臺北市：親子天下股份有限公司, 2022.08
200 面；14.8x21 公分. --（13 歲就開始；3）
ISBN 978-626-305-256-7（平裝）
1.CST: 中學生　2.CST: 演說術

524.7　　111008285